考える国語BOOKS

深い学びが育つ「考える国語」の系統的授業のつくり方

白石範孝［編著］
「考える国語」研究会［著］

G 学事出版

深い学びが育つ「考える国語」の系統的授業のつくり方

もくじ

「考える国語」―指導の系統を考える―　4

第1章

指導の系統を考える　7

今、なぜ系統指導なのか？
「考える国語」の系統的授業づくり…………………………………………8

1年（説明文）
　順序に着目して形態と機能の関係をとらえる…………………………12

1年（物　語）
　中心人物の変化に着目して物語の大体を捉える………………………16

2年（説明文）
　事例の順序と因果関係に着目して読む…………………………………20

2年（物　語）
　「中心人物のこだわり」を既習教材を基にとらえる…………………24

3年（説明文）
　事例の順序と文章構成に着目して読む…………………………………28

3年（物　語）
　中心人物の定義で、語り手の視点を捉える……………………………32

4年（説明文）
　文章を要約する……………………………………………………………36

4年（物　語）
　読後感を読み深める………………………………………………………40

5年（説明文）
　筆者の主張の述べ方の工夫を捉え、要旨をまとめる力を育む………44

5年（物　語）
　中心人物の変容と、そのきっかけをとらえる…………………………48

6年（説明文）
　筆者の考えをとらえ、自分の考えと比べて書く················52
6年（物　語）
　「視点」と「象徴的な表現」から読む························56

第2章
「考える国語」で深い学びを！実践提案　　63

実践提案❶
　「思考の観点」を持たせることから深い学びへ··············64
実践提案❷
　系統性を意識した指導で深い学びを実現する！··············68
実践提案❸
　子どもに「学び」の実感がある国語授業づくり··············72
実践提案❹
　物語の特徴を生かし、続き物語を創作する···················76
実践提案❺
　説明文を１文で読む〜説明文を論理的に読む〜··············80
実践提案❻
　言葉と言葉のつながりにこだわって力を付ける··············84
実践提案❼
　問いの意識・判断のズレ・問いの共有から深い学びへ········88
実践提案❽
　子供の問いが出発点となる学び〜一次の活性化が学びを深める〜·········92

編集後記　96

　コラム１　「書く」ことに抵抗感をもたせないように　60
　コラム２　体験と言葉をつなぐ　61
　コラム３　いつでもお手軽「ことばカード」　62

考える国語BOOKS 2　特集題

「考える国語」―指導の系統を考える―

学習院初等科　梅田芳樹

1.「考える国語」が主張・提案してきたこと

「考える国語」では、子どもが「教材の論理」を読み取る力をつけ、その力を汎用的に使えるようになることを目指している。

「教材の論理」とは、教材の文脈である。そして、「考える国語」の主張は、文脈（論理）の読み取り方や、文脈の読み取り方を見出すコツを、授業で子どもに考えさせながら身につけさせようというものである。

> **「考える国語」が大事にしていること**
> 子ども自身で様々な文章の文脈を読み取れるように
> 授業で「教材の論理」の読み取り方や、その読み取り方を見出すコツを
> 子どもが論理的に考えながら身につけること

また、「教材の論理」を読み取る力を目指す「考える国語」の授業には、次のことが欠かせないと、常に訴えてきた。

・学習のための「用語」を定義して、授業に用いること
・どのように考え、どのように捉え、どのように表現するか、「方法」を教えること
・様々な教材の「教材の論理」の読み取り方における、共通する仕組みやきまりといった「原理・原則」を教え、授業に用いること
・「用語」「方法」「原理・原則」を用いて思考・判断・表現しながら、教材に書いてある情報や筆者や作者の意図を、正確に読み取る「再構成」を行うこと
・「再構成」して得た情報や筆者や作者の意図を、自分の主張にあわせて取捨選択して自分なりに表現する「構成」を行うこと
・子どもが読み取りを試みるなかで、自分自身の内部や子ども同士の間に、「どうしてなんだろう」「何か違うのではないか」という「思考のズレ」が

生じて、自ら解決したくなり、子どもたち同士で意見を交わしたくなるような、問題・課題提示をすること
・「思考のズレ」を解決する過程で、「用語」「方法」「原理・原則」を習得・活用する場をつくること

「考える国語」が目指す授業

「思考のズレ」を生かして子どもが主体的・対話的に
「用語」「方法」「原理・原則」を学ぶことによって
思考・判断・表現しながら
教材の情報や論理、作者や筆者の意図を「再構成」し
自分の考えを「構成」して深い学びを実現する授業

2．「考える国語」の指導の系統を考える

今まで「考える国語」では、子どもたちが「用語」「方法」「原理・原則」を用いて、「作品の論理」を読み取る「再構成」の力や、読み取ったことを表現する「構成」の力をつけていく学びについて、多くの場合、1つの教材で提案してきた。

しかし、子どもが学んだことを身につけ、自ら活用したり応用したりするようになるには、1つの教材だけでは足りない。学んだことを他の教材の学びに生かすことによって、力が定着し、活用力や応用力も付いていくと考えている。

やはり、受け持った子どもたちに、文脈を読み取る力や、それをもとに自らの考えを表現する力を付けるためには、その学年で扱う教材で、どんな「用語」「方法」「原理・原則」を扱うのか、4月当初から見通しを持っていたい。そうすれば、ある程度自然に、子どもたちにどんな力がつくのかが見えてくるだろう。また、「用語」「方法」「原理・原則」を、知識や技能として習得・応用させていく過程もざっくりと見えてくるはずだ。

そこで、今回のテーマを「指導の系統を考える」とした。各学年の物語文と説明文のそれぞれにおいて複数の教材を取り上げ、どんな「用語」「方法」「原理・原則」を扱うのかを考えた。

テーマ：指導の系統を考える

各学年の教材で扱う「用語」「方法」「原理・原則」を取り出す
各学年において、子どもたちに
「教材の論理」を読む力や自分の考えを述べる力を付けるため
知識・技能としての「用語」「方法」「原理・原則」を明確にしたい

そして、今までの「考える国語」研究会の成果を交えながら、次のことを授業づくりの視点として、第1章「指導の系統を考える」で提案している。

指導の系統を考えた授業づくりの視点

・「教材の論理」を明らかにする教材分析
・各教材の特徴
・各教材で扱う「用語」「方法」「原理・原則」
・「思考のズレ」を生かした指導過程

3．まとめ

　「考える国語」の指導の系統を図ることで、子どもたちが、さまざまな「教材の論理」を読み取るための知識・技能としての「用語」「方法」「原理・原則」を習得し、活用・応用することが可能になる。それは、子どもたちが、自らいろいろな文章を、丸ごと読む力を持つことである。つまり、汎用的な言葉の力を、子どもたちが持つことになる。

　この丸ごと文章を読む力があって、筆者や作者の意図や主張を読み取ることができ、読者として、文章や筆者や作者にしっかりと向き合うことが可能となる。そして、きちんと向き合ったところから、自分はどのように考えるのか、対象を正確にとらえた表現が始まる。深い学びは、このような充実した言語活動によって生まれると考える。

「考える国語」の指導の系統化

・「用語」「方法」「原理・原則」を知識・技能として使って、
　文章全体を論理的に読んだり
　自分の考えを述べたりすることが可能となる。
　　　　　　　⇩
　このような言語活動が、深い学びを可能にする

　それぞれの提案は、各学年の指導系統案としては、まだ研究が途中経過のものである。しかし、すべての提案に、子どもたちが自らさまざまな文章を正確に読んで、自分の考えを磨き上げることができるようになってほしいという願いが込められている。

　この「考える国語 BOOKS 2」の指導系統の提案や実践提案を読んでいただき、皆さんの国語の授業づくりに役立てていただければ幸いである。

第1章
指導の系統を考える

今、なぜ系統指導なのか？
「考える国語」の系統的授業づくり
～「知識及び技能」と「思考力・判断力・表現力」の関連を考えて～

明星大学　白石範孝

1　資質・能力の育成を目指す系統指導

学習指導要領の方向は以下のような内容である。

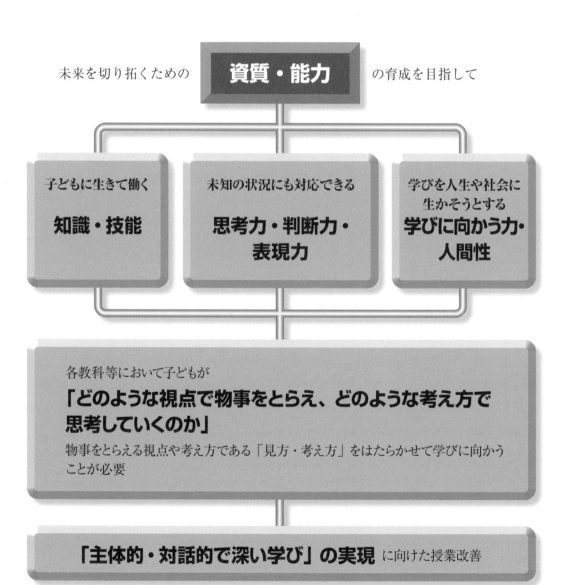

今回の指導要領の重点は、未来を切り拓くための「資質・能力」の育成を目指した教育の実現である。そのためには「知識・技能」をきちんと位置づけ、その力を「思考力・判断力・表現力」に関連付けた授業づくりを目指し、その授業づくりの中で「主体的・対話的で深い学び」の実現を目指した授業改善が求められている。

　この授業像をより具体化していくためには、「思考力・判断力・表現力」に生かすための「知識・技能」とはどのような内容で、どのように活用させていくかという「知識・技能」と「思考力・判断力・表現力」の関連が重要となる。

　「知識・技能」を習得・活用し、子ども自身が持つ「問い」に対して、子ども自身が「主体的・対話的」な「思考・判断・表現する」という思考活動を通して「問い」を明確に解決していく論理的思考力を目指した授業づくりを考えていきたい。

　そして、その授業スタイルとして「問題解決学習」の過程を通した思考活動によって得た知識・技能、内容、そして新しい見方・考え方を習得・活用する「深い学び」に向かうことができる授業づくりを目指していきたい。その授業づくりのためにも「知識及び技能」の内容を教材に即して具体的に明示した系統を明確にすることによって、系統的な授業づくりを目指していくことができると考えている。

2　「知識及び技能」の系統指導

　学習指導要領の国語科の方向として「知識及び技能」と「思考力・判断力・表現力」の指導内容が大きく示されてきた。「知識及び技能」を重点と考え、その位置づけを大きくクローズアップさせたことには大賛成である。そして、「知識及び技能」を習得・活用して「思考力・判断力・表現力」の育成を目指していくのは理解できるが、何を「知識及び技能」ととらえるのか、その具体的内容は見えてこないし、これらの力を「思考力・判断力・表現力」にどのように関連させていくのかという関連が具体的に見えてこない。

　そこで、「知識及び技能」の具体的な内容を明らかにし、「知識及び技能」の汎用性を考えると、これらの内容をどの時期に、どのような内容を指導していくかという系統的な指導が重要となってくる。ここに「知識及び技能」の系統指導の必要性があると考える。

　「系統指導」として一般的に考えられるのは、1年生～6年生の学年を追った系統が挙げられるが、ここでは1年間という期間の中での系統を考えたい。4月～3月までの1年間で教材の中でどのような力を身につけさせていくのかということを重点として、指導内容の系統を考えていきたい。1年間という期間の中での指導内容を考えていくことが、より具体的な指導内容、指導を系統化できると考えている。

　系統化を図っていく上で次の3点を重点としていきたい。

① 「知識・技能」を「用語」「方法」「原理・原則」ととらえる
　・思考し判断し表現していくための「用語」を習得し活用できる力としていく。
　・思考し判断し表現していくための「方法」を習得し活用できる力としていく。
　・思考し判断し表現していくための「原理・原則」を習得し活用できる力としていく。

②「思考のズレ」からの「問題解決学習」から関連を考える

　「知識及び技能」と「思考力・判断力・表現力」の関連指導を「思考のズレ」からの問題解決学習を考える。解決に当たっては、論理的な解決のために「用語」「方法」「原理・原則」という「知識・技能」を糧としていく。

③ 1年間の指導の系統を考える

　系統においては、どんな内容をどのように系統付けていくかが重要となる。そのために1年間の教材配列を見通して、その教材の構造図から教材の特徴を見いだし、どんな「課題」を設定してどんな「思考のズレ」からの「問い」を生み、どんな「知識及び技能」を活用して解決していくか？さらには、次の教材への関連を図っていくかを明確に位置づけていくことを大切にしたい。

　以上のような内容から、その学年で学習し身につける「用語」「方法」「原理・原則」を明確に位置づけていく。

　「考える国語」の「用語」「方法」「原理・原則」は、子どもたちの主体的で対話的な学びを支え、「深い学び」へと向かわせていく重要な「知識及び技能」である。この内容をそれぞれの教材の中でいかに習得・活用させていくかという、まさに「**教材『で』教える**」論理的に思考する「**考える国語**」授業づくりのためにも「知識及び技能」を系統化した計画的な指導を目指していきたい。

3　「考える国語」の論理的思考活動

　作品や文章をまるごと捉えた読みを基盤として、作品や文章を論理的に読めるようにしていく「考える国語」の授業が目指すのは、論理的に読むための次のような力を「知識・技能」と捉え、これらの力の習得・活用を基盤としている。

> - ◆　さまざまな「**用語**」を習得し活用する力
> - ◆　読むこと・書くことにおけるさまざまな「**方法**」を習得し活用する力
> - ◆　読むこと・書くことにおけるさまざまな「**原理・原則**」を習得し活用する力

　子どもたちが文章や作品を論理的に読んでいくためには、論理的に思考し判断し表現するための「用語」「方法」「原理・原則」という「知識・技能」を持つことが最も重要であると考えている。この「知識・技能」が働かなければ、その考えや表現は「なんとなくそう感じる、考える。」といったイメージや感覚だけの内容になってしまい、「なるほど！」「どうして？」といった学びや疑問は生まれないし、論理的な思考にはつながらないからである。

　そして、子どもの主体的な学びを目指すためにもこれらの力が重要であると考えている。「考える国語」においては、「主体的な学び」を子ども自身が「問い」を明確に持つことと考えている。

　さらには、この「問い」を明確に解決していく過程の中で起こる対話をイメージや感覚だけの内容で終わらせず、「用語」「方法」「原理・原則（きまり）」を糧とした論理的な思考で対話できるようにすることを大切にし、これを「対話的な学び」と考えている。

　くり返しになるが、「考える国語」の「用語」「方法」「原理・原則」は、子どもたちの主体的で

対話的な学びをしていくための重要な「知識・技能」である。この内容をそれぞれの教材の中でいかに習得・活用させていくかという、まさに「教材『で』教える」論理的に思考する「考える国語」授業づくりがこれから求められていくと考えている。

以上のように、論理的に思考する授業づくりを目指す「考える国語」においても「知識及び技能」としての「用語」「方法」「原理・原則」を教材に即して系統化していくことは重要である。そして、これらの力を習得・活用した次のような思考活動を授業の中で行っていくことが論理的思考力を育てていくことになると考えている。

---

① **論理的思考活動**
　「用語」「方法」「原理・原則」を糧とした論理的思考活動
　・理由づける　・応用する　・評価する　・因果関係を見る　・演繹的に考える
　・帰納的に考える

② **考える技法を習得・活用する思考活動**
　比較や分類、関係づける思考活動
　・具体化する　・抽象化する　・推論する　・変換する　・関係づける
　・関連させる　・広げる　・焦点化する　・比較する　・分類する
　・相違点を見つける
　・共通点を見つける

③ **構造的な思考活動**
　・順序立てる　・筋道立てる　・変化をとらえる　・構造化する　・見通す
　・要約する　・類推する　・多面的に見る

さらに、以上のような思考活動を次のような「問題解決学習」の過程の中で位置づけていく授業づくりを目指していく。

◆**第一段階**
「思考のズレ」からの子ども自身の「問い」を生む
◆**第二段階**
「知識及び技能」としての「用語」「方法」「原理・原則」を糧として、「問い」を論理的に解決していく。
◆**第三段階**
解決の過程での「知識及び技能」を活用して学びを広げていく。

1年　説明文の系統指導
順序に着目して形態と機能の関係をとらえる

明星大学　菅野秀二

1　教材の特徴

（1）「くちばし」（光村図書1年上）の特徴

- 最初に、話題提示という役割の文がある。
- 一段落一文でできている。
- 問い（かけ）の文の前にある簡単な説明の文の内容を、挿絵で確かめることができる。（挿絵と文との対応）
- 三種類の鳥のくちばしについて、同じ構成で述べられている。（同じ構成がくり返されている。）そのために、それぞれの特徴を比べながら読むことができる。
- 問いのページと答えのページが違うので、興味が持てるような構成になっている。
- 説明文の導入として、説明の順序、問い（かけの文）と答え（の文）の型、文末表現、説明を正確に読み取るといった学習ができる。
- まず、くちばしの「形」（形態）、それから「使い方」「使いみち」「働き」（機能）を述べている。

（2）「じどう車くらべ」（光村図書1年下）の特徴

- 最初に、話題提示という（役割を担う）文がある。
- 問い（かけ）の文が二文になっている。
- 文章と挿絵とを対応させながら読むことができる。特に、トラックのところの「にだい」、クレーン車のところの「つり上げる」「じょうぶなうで」「しっかりしたあし」などは、挿絵で確かめながら読むと効果的である。
- 同じ構成がくり返されているので、書かれている自動車の特徴を比べながら読むことができるようになっている。
- なぜ、「バスやじょうよう車」「トラック」「クレーン車」の順に事例を挙げたのかを考えることで、その意図に迫ったり、今後の説明文の読みにつなげたりすることができる。
- 「くちばし」と違って、まず、「仕事」（機能）を述べ、それから「つくり」（形態）について書いている。また、「そのために」を使い、「仕事」（機能）と「つくり」（形態）の関係がわかりやすくなっている。（二つの事柄の因果関係）

※形態のことを「かたち」「つくり」、機能のことを「しごと」「はたらき」「やくめ」「やくわり」などという言葉を使って表すことが多い。

2　系統を踏まえた授業

　説明文では、主に、論理的に読むこと（論理による展開、論理的な表現、構成を読み取る）、書きぶりを学び表現に生かすことが大事だと考えている。ここでは、論理的に読むために１年生で押さえておきたい「順序」「形態と機能」について、「くちばし」と「じどう車くらべ」で考えてみることにする。

　「くちばし」の最初には、いろいろなとりのくちばしのかたちをみてみましょう。という話題提示の文が出てくる。そして、さきがするどくとがったくちばしです。と続く。つまり、**形態**（「**かたち**」）を先に述べている。

　次に、問い（かけ）の文、答えの文があり、きつつきは、とがったくちばしで、きにあなをあけます。そして、きのなかにいるむしをたべます。という**機能**（「**はたらき**」「**使い方・使いみち**」）、食べる物（えさ）という構成になっている。（「おうむ」「はちどり」も同様）

　「どうしてくちばしの形が違うのか」と投げかけることで、「どの鳥かわかるように」「顔が違うから」など、考えにズレが生じると予想される。それを解決していくために、説明の順序（順、順番）を押さえたり、それぞれの鳥のくちばしの形や使い方・使いみち（働き）を比べたりしていく。

　この教材では、そのくちばしだからできるということ、くちばしの形（形態）がえさをとることと関係しているといったことを読み取らせたい。

　「じどう車くらべ」でも最初に、いろいろなじどう車が、どうろをはしっています。という話題提示の文が出てくる。そして、それぞれのじどう車は、どんなしごとをしていますか。そのために、どんなつくりになっていますか。という二つの問い（かけ）の文が続いている。つまり、**機能**（「**しごと**」）を先に述べて、それから、「そのために」を使って、**形態**（「**つくり**」）について述べるようになっている。

　ここでも、「どうして自動車のつくりが違うのか」と投げかけることで、「仕事（働き）によって違う」「つくった人が違う」など、ズレが生じると考えられる。それを、問い（かけ）や事柄の順序、「そのために」、それぞれの自動車の「しごと」と「つくり」を表にまとめて比べるといったことで解決していく。

　この教材では、自動車は仕事によってつくりが異なるということを押さえるために、仕事とつくりの二つの事柄の因果関係に着目して読み取らせたい。

　１年生では、説明文の構成の基本を押さえる、教えることはもちろん、説明する対象によって、筆者がどのような順序でどのように説明しているのかを理解することが大切である。（説明の順序、時間的順序、事柄の順序など）そして、「**形態**」（「**かたち**」「**つくり**」）と「**機能**」（「**しごと**」「**はたらき**」）が「説明」に大きくかかわっていること、説明文を論理的に読んでいくためのスタートとして重要な一つであることを意識して進める必要がある。

3 系統表について

知識及び技能 「用語」「方法」「原理・原則」	思考力・判断力・表現力等 問題解決の過程
【題名】「何」について書いた文章なのかを予想したり、読みの方向をもったりすることができる。 【話題】筆者が何を述べようとしているのか、何を述べているのかを把握することができる。文章の中心になっている材料のことがわかる。 【問い（かけ）と答え】文末表現（文の終わり方）「〜でしょう。」と「これは、〜です。」に着目するとともに、そのくちばしの形だからできること、食べること、食べるもの（えさ）とのかかわりをとらえる。 【比べる（比較）】比較することで、それぞれの鳥の特徴をつかむ。述べ方のくり返しがわかる。 【順序】説明の順、順番を押さえながら読み進めていくことで、形態と機能との関係をとらえることができる。	**課題** どうしてくちばしの形が違うのか。 ・（くちばしの絵を見て）どうして、それぞれのくちばしの形が違うのでしょうか。 ・どんな鳥が出てきましたか。 ・それぞれのくちばしは、どんな形をしていますか。 ・そのくちばしで、どんなことをしますか。 ・どうして、くちばしの形が違ったのでしょうか。 ◇説明の順序を確かめたり、挿絵・写真と文とを対応させたりしながら読み取っていく力を伸ばす。 ◇それぞれの鳥のくちばしの形、使い方・使いみち（働き）を比べて、課題を解決していくことができるようにする。（表に整理してもよい。） ◇そのくちばしの形だからできること、くちばしですること、食べるもの（えさ）に適した形があるということがわかる。
【問い（かけ）】問い（かけ）が二文ある。この二つの全体の問いに着目して、「何がどのように書かれているか」「何が述べられているのか」をつかむ。 【表を使う】表を用いることで、書かれている内容を整理することができる。 【比べる（比較）】それぞれの自動車の仕事によって、つくりが違うことに気づく。 【順序】事柄の順序（順、順番）、述べ方のくり返しを押さえることで、内容の大体を読むことができる。また、「そのために」に着目して、仕事とつくりの因果関係をとらえる。	**課題** どうして自動車のつくりが違うのか。 ・出てきた自動車は何ですか。 ・どこが仕事のことでしょうか。 ・「そのために」という言葉は、何と何をつないでいますか。 ・どうして、それぞれの自動車でつくりが違うのでしょうか。 ・どうして、それぞれの自動車でつくりが違ったのでしょうか。（表にまとめた後） ◇問い（かけ）の順序や「そのために」に着目して、「しごと」「つくり」の関係をとらえることができるようにする。 ◇それぞれの自動車の「しごと」と「つくり」を比べることで、その自動車の仕事に適したつくりになっていることを理解できるようにする。自動車は、それぞれの仕事や働きによって、つくりや形が違うということがわかる。

教材名	構成
くちばし	① 話題提示 ② 挿絵・くちばしの形の説明 きつつき ③ 問い（かけ） ④ 答え ⑤ くちばしの使い方・使いみち（働き）の説明 事例1 ⑥ 食べるもの（えさ）の説明　形態 ⑦ 挿絵・くちばしの形の説明 おうむ ⑧ 問い（かけ） ⑨ 答え ⑩ くちばしの使い方・使いみちの説明　機能 ← 形態 ⑪ 食べるものの説明 事例2 ⑫ 挿絵・くちばしの形の説明 はちどり ⑬ 問い（かけ） ⑭ 答え ⑮ くちばしの使い方・使いみちの説明　機能 ← 形態 ⑯ 食べるものの説明 事例3 機能 ←
じどう車くらべ	① 話題提示 ② 問い（かけ）1 ③ 問い（かけ）2 ④ ［バスや乗用車の仕事］ ⑤ ［どんなつくり］ 事例1 バス じょうよう車 ④ バスや乗用車の仕事　機能 ⑤ つくり1　形態 事例2 トラック ⑥ トラックの仕事　機能 ⑦ つくり1　形態 ⑧ つくり2 事例3 クレーン車 ⑧ クレーン車の仕事　機能 ⑨ つくり1　形態 つくり2　機能 ← 形態

1年　説明文の系統指導

1年　物語の系統指導
中心人物の変化に着目して物語の大体を捉える

学習院初等科　梅田芳樹

1　教材の特徴

（1）「はじめは「や！」」（学校図書1年下）の特徴

- 登場人物は、くまさんときつねさんで、中心人物は、くまさんである。語り手が、くまさんに寄り添い、くまさんの心情の叙述があるが、きつねさんは、客観的な描写しかない。
- くまさんときつねさんが、繰り返して出会う5つの場面で構成されている。
- 前半の三つの場面においては、〈ふたりは、「……。」「……。」だまってとおりすぎました。〉と繰り返され、第4場面では、「……。」「……。」から「や。」「……や。」に変化し、会話が始まる。そして、第5場面は、「やあ　やあ　やあ。」「やあ　やあ　やあ。」に変わる、会話の繰り返しがある。
- 会話の変化と対応して、くまさんのきつねさんに対する思いの変化がある。
- 会話の変化と、思いの変化を挿絵からも想像できるようになっている。
- 題名は、登場人物の関係性が変わったきっかけになる言葉である「や」を表している。

（2）「ろくべえまってろよ」（学校図書1年下）の特徴

- 中心人物は、一年生たちである。
- 第1場面は、がんばれと応援するだけでは解決できないことに気付き困り果てるところ。第2場面は、母親に助けを求めるところ。第3場面は、ろくべえをいろいろと元気づけようとするところ。第4場面は、誰もあてにできないと自分たちで考え、名案を思い付くところ。第5場面は、ろくべえを助けるところである。
- 第1場面から第4場面まで、場面の最後は、その場面での1年生たちの気持ちを集約する言葉が繰り返されている。第1場面「こまった。こまった。」第2場面「けち。」「けち。」第3場面「どうしよう。どうしよう。」第4場面「めいあん。めいあん。」
- 1年生の行動を、3つに分類することができる。①ろくべえを元気づける行動。②他人に助けを求める行動③自分たちで助ける行動。
- 1年生の大きな変化は、誰もあてにできないと覚悟して自分たちで何とかしようと必死に考えるようになったことである。
- 場面が進むたびに、1年生の言動から、1年生のろくべえを心配する気持ちが膨らむ様子が分かる。
- 1年生と大人たちの言動を比べることで、ろくべえへの思い入れの違いが分かる。
- 題名は、1年生たちの思いの集約であり主題を示す。本文には出ていない。

2　系統を踏まえた授業

　学習指導要領によると、1、2年生の文学的な文章の授業で、構造と内容の把握においては、「場面の様子や登場人物の行動など、内容の大体を捉えること。」、精査・解釈においては、「場面の様子に着目して、登場人物の行動を具体的に想像すること」の指導が求められている。

　ここで注意したいことは、精査・解釈で求められている、各場面の登場人物の行動を、物語全体の流れのなかで捉えるようにすることである。つまり、部分の描写と物語全体とを結び付けて読むことである。このような読みの姿勢が、作品の論理を読むことにつながっていく。

　内容の大体を捉えるためには、物語の内容を「一文で表現する」力を、子どもにつけたい。「一文で表現する」とは、「～が、～によって、～する（～になる）話」という文型で、物語の内容をまとめることである。そのためには、中心人物と中心人物の変化を捉えることが必要である。それは、物語のはじめと終わりを比べることであり、変化のきっかけを読み取ることである。

　授業の大まかな流れは次のようになる。
①場面分けをして、大まかな流れを捉える、
②細部の読み取りを行い、登場人物の行動を具体的に想像する。
③中心人物のはじめと終わりを比較して大きく変わったことを読み取り、そのきっかけを捉える。
④一文で表現する。

○一文で表現するためにとくに留意したい読み

　「はじめは「や！」」
　　・中心人物がくまさんであること
　　・「……。」「……。」から「や。」「……や。」に変化し、会話が始まること
　　・「や。」「……や。」に変わったきっかけ。
　「ろくべえまってろよ」
　　・1年生たちが、だんだん心配する気持ちを膨らませていくこと
　　・応援することと助けることの区別
　　・他人を頼ることと自分でなんとかすることの区別

○思考のズレを生む問い

　教師の問いによって思考のズレを生み、「用語」「方法」「原理・原則」を使うことでズレの解決に導きたい。

　「はじめは「や！」」では、「くまさんときつねさんは何回会いましたか。」という問いから、「場面」の学習に導きたい。「ろくべえまってろよ」では、「一年生たちがいちばん変わったことは何ですか。」という問いから、「変容」を捉えさせたい。

3 系統表について

知識及び技能 「用語」「方法」「原理・原則」	思考力・判断力・表現力等 問題解決の過程
【中心人物】語り手の視点人物で、物語のはじめとおわりで大きく変わる登場人物。中心人物の立場から物語の世界がつくられている。くまさんが中心人物。 【場面】事件や、時、場所、登場人物で構成される。物語の流れをつかむのに有効である。出会いの繰り返しで構成されることもある。 【繰り返し】物語では、主題に関わって、繰り返された「…」が「や」に変わるときに、中心人物の変容は、主題に大きく関わる。声を掛けるという変化をきっかけに二人は友達になる。 【変容】中心人物の変容は、主題に大きく関わる。声を掛けるという変化をきっかけに二人は友達になる。 【一文で表現する】前頁、作品分析参照。	課題　くまときつねははじめと終わりで何が変わったか。 ・登場人物は誰ですか。 ・中心人物は誰ですか。 ・くまさんときつねさんは、何回会いましたか。 ・くまさんときつねさんは、いつ、どこで会いましたか。 ・それぞれの場面を比べて、同じように繰り返していることがありますか。 ・くまさんときつねさんは、はじめと終わりでは、変わったことがあります。 ・どんなことがあって、変わったのですか。 ・一文でこのお話を書いてみましょう。 ◇設定を捉え、場面分けをしてから、繰り返しの内容を比べることによって、中心人物の変容を読み取る。
【中心人物】上記参照。一年生たちが中心人物である。 【場面】上記参照。場面が変わる直前に、一年生たちの心情を表す言葉が、二度繰り返されている。 【変容】上記参照。ろくべえを助けることになったいちばん大きな中心人物の一年生の変化である、自分たちしかろくべえを助けることができないという描写を読み取ることが必要である。 【題名】中心人物、事件や山場、主題が示される。「ろくべえまてろよ」は、中心人物の心情を表し、主題に関わる。 【一文で表現する】前頁、作品分析参照。	課題　一年生が、いちばん変わったことは何か。 ・題名は、だれの気もちを表していますか。 ・中心人物は誰ですか。 ・一年生たちは、ろくべえのために何をしましたか。 ・ろくべえを助けるために、一年生たちがいちばん大きく変わったのはどんなところですか。 ・変わって何ができましたか。 ・どんなことがあって、変わったのですか。 ・一文でこのお話を書いてみましょう。 ◇中心人物の行動に焦点化して、それぞれの行動の目的と気持ちを比べることで、中心人物がいちばん変容したことを読み取る。

教材名	構成
はじめは「や！」	**はじめ**：友達ではない、くまさんときつねさんが出会う。 **中**：くまさんときつねさんは、繰り返しすれ違うが、友達ではないので、言葉はかけない。くまさんが、きつねさんにベンチを空けたときはじめて声をかけ、荷物を持ってあげる。 **おわり**：次の日出会ったくまさんときつねさんは、声を掛け合い、いちばんの友達になった。 **一文で表現する**：きつねさんと出会っても、友達ではないからだまっていたくまさんが、声をかけてきつねさんの荷物を持ったりあいさつをしたりすることによって、一番の友達になる話。
ろくべえまってろよ	**はじめ**：一年生が、穴に落ちたろくべえを見つけるが、応援することしかできず、困り果てる。 **中**：母親に助けを求めたが相手にされず、ろくべえを元気づけようとするが、ろくべえは動かなくなってしまう。男の人に断られ、誰もあてにできなくなり、自分たちで必死に考え名案をひねり出す。 **おわり**：一年生だけで、ろくべえを助け出す。 **一文で表現する**：はじめは、大人を頼っていた一年生たちが、大人を頼れず、自分たちで必死に考えることによって、穴に落ちたろくべえを自分たちで助ける話。

2年　説明文の系統指導
事例の順序と因果関係に着目して読む

晃華学園小学校　江見みどり

1　教材の特徴

(1) たんぽぽのちえ（光村図書2年上）の特徴

- 「はじめ・中・終わり」の3部構成、尾括型の説明文。題名の「ちえ」の具体が「中」の部分で述べられており、「終わり」で「ちえ」という言葉を使い抽象化しまとめている。
- 時を表す言葉が用いられ、時系列で成長の様子を説明している。
- 話題が明確な題名で、たんぽぽを擬人化して、たんぽぽが「すること」（様子）と「その理由」という因果関係の順序で「ちえ」が説明されている。
- 全体を貫く「問い」がない。「はじめ」は話題提示のみ。
- 「ちえ」の数が明確には述べられていない。
- 各段落の主語（主語連鎖）や理由を述べる文末表現などに着目することで、課題解決できる教材である。

(2) どうぶつ園のじゅうい（光村図書2年上）の特徴

- 「はじめ・中・終わり」の3部構成で、頭括型。
- 「問い」がない。
- 1日の時間の流れの中で、時系列で、「わたし」の視点から仕事を説明している。
- 事例列挙型。筆者が自身の仕事を説明しているので、取り上げられている事例には筆者の選択意図がある。そのため、事例の選択意図に迫ることができる教材である。
- 「毎日する仕事」と「ある日だけの仕事」、「直接動物に接する仕事」と「接しない仕事」というように仕事内容の分類ができ、獣医の仕事が多岐にわたっている大変さについて考えることができる。
- したこと（仕事）と理由が述べられており、全て①段落につなげて考えることができる。

(3) おにごっこ（光村図書2年下）の特徴

- 「はじめ・中・終わり」の3部構成で、「終わり」に筆者の考えが述べられている。
- 「問い」が二文
- 3つの具体的事例が「遊び方」と「その理由」という観点で比較されながら述べられている。
- 1つ目と2つ目の事例がそれぞれ1つの段落で完結されているのに対し、3つ目の事例のみ2つの段落で構成されている。
- 同じ段落の中で、具体的な遊び方と抽象度の高い遊び方とに表現されている。
- 事例の不整合さに気付き、付け足しの段落を書くのに適している。

2 系統を踏まえた授業

2年生の系統指導で身に付けたい読みの力は次の通りである。

①文章全体を3部構成でとらえ、〈中〉には事例が述べられていることを理解する力。
②事例の順序を意識しながら読み、順序をとらえる力。
③時を表す言葉に着目し、時系列で物事や出来事の変化を読み取ることができる力。
④主語を意識して読むと、説明の主体や説明している対象の変化を読み取ることができることを理解する力。
⑤文末表現の役割を理解し、文末や表現や文章内容から、「事象と理由」の因果関係をとらえる力。

　1年生までの説明文には、「問いの文」があったが、『たんぽぽのちえ』には、それがないため、題名から問いの文をつくることができる。「『たんぽぽのちえ』ってどんなちえがいくつあるの？」その問いに対する答えは様々な内容と数が出てきて、子供たちに思考のズレが生まれる。そのズレを解決していくために、時を表す言葉に着目し、時系列に沿って「ちえ」とその「わけ」とを対応させながら因果関係を読み取っていく。主語連鎖に着目してまとまりを捉えたり、様子と理由とを読み分けたりして、ちえの意味や数を明確にしていく。副教材として、話題が同じ『たんぽぽ』（東京書籍2年上）を取り上げ、比較し、内容や表現方法の共通点や相違点を見つけて既習の読み方や思考を活用することもできる。

　『どうぶつ園のじゅうい』にも「問いの文」がない。この特性を生かし、「どうぶつ園のじゅういさんはどんな仕事をいくつしているの？」と問うことができる。ここでもまた数にばらつきが出てくる。日記を書くことやお風呂に入ることは仕事としてカウントしない子どもがいるためである。そこで、日記やお風呂が仕事かどうか考えさせることで、既習の「理由の読み取り」を活用する必然をもたせる。『たんぽぽのちえ』と同様、「〜からです」「〜のです」という理由を表す文末表現に着目しながら、「したこと」（仕事）と理由を関係付け、因果関係を見ていくことになる。また、この教材も時系列で書かれているので、順序という観点でも見ていく。そして、この教材は、筆者が自身の仕事を説明しているという特徴から、単に仕事内容を時系列で読み取り比べるだけでなく、事例の選択意図にまで迫らせたい。このことが、次の「おにごっこ」につながっていく。

　『おにごっこ』でも、「遊び方」と「理由」を関連づけ、理由を読み取る際に主語を意識しながら「誰にとって、どんなよいことがあるのか」を読み取らせることで、事例の順序性を意識させたい。事例の順序は筆者の意図が大きく反映され選択されていることを学習した子どもたちは、それを使って3年生の説明文を読んでいくだろう。3年生の『すがたをかえる大豆』なども、まさしく事例の順序＝筆者の説明の工夫である。

　2年生の説明文では、〈順序〉〈因果関係〉〈比較〉といった思考の系統を意識し、つなげた指導を行っていく。そのために、表を使うという方法もとても有効である。

3 系統表について

知識及び技能 「用語」「方法」「原理・原則」	思考力・判断力・表現力等 問題解決の過程
【三部構成】はじめ・中・おわりの問いがない。 【順序】（時間的順序）時を表す言葉に着目して、成長の変化を読み取る。 【主語連鎖】「花は」「じくは」「わた毛は」など主語に着目することによって、段落のまとまりをとらえることができる。 【因果関係】（様子→理由）様子を表す文と理由を表す文の文末表現に着目することによって、様子と理由を関連づけながら読み分けることによって、また比較しながら読み分けることによって、知恵をまとめていくことができる。	課題　どんなちえが、いくつあるの？ ・形式段落の主語は？ ・まとまりはいくつ？ ・「ちえ」はどっち？ ・「ちえ」って？ ・「ちえ」って？理由？ ◇時間の順序や主語に着目しながらまとまりをとらえ、様子とその理由を考えながら、ちえを明確にして読み取る。
【三部構成】〈中〉に事例が書かれている。問いがない。 【順序】（時間的順序）時を表す言葉に着目し、時系列で仕事を読み取る。 【因果関係】（仕事→理由）したことと理由を関係付けて読む。 【表を使う】表を使うことによって、事柄を整理・分類・比較することができる。説明の仕方の工夫に気付くことができる。表に空欄ができることによって、文章を表にとらえ直すことができる。	課題　どうぶつ園のじゅういさんは、どんな仕事をいくつしているの？ ・日記やお風呂は仕事かどうか ・じゅういさんは忙しい？ ・毎日する仕事とある日だけの仕事、どちらの日が大変か？ ・筆者はなぜこのある日を選んだのだろう ◇時系列で仕事と理由を関係付けて読み取り、事例の選択意図を理解する。
【三部構成】〈はじめ〉に話題提示と問いが2つ、〈中〉で事例3つ、〈終わり〉に筆者の答え 【順序】（事例の順序）鬼の立場→逃げる人の立場→両方の立場主語に着目して読む。 【因果関係】（遊び方と理由）問いに対する答えを段落単位でとらえ、遊び方と理由を関連づけて読み取る。 【具体と抽象】同じ段落の中で具体的な遊び方が抽象度の高い遊び方に言い換えられていることの意図を読む。 【表を使う】表にまとめ比較することで、事例の順序性、事例の不整合さに気付くことができる。	課題　おにごっこはいくつあるの？ ・どのおにごっこが一番好き？ ・なぜ好きなの？ ・好きでないおにごっことその理由 ・だれにとってどんなよいことがあるの？ ・遊び方の問題点や解決方法 ◇主語に着目し、遊びと理由を関係付け、事例の順序性や筆者の考え、整合性等を考える。

教材名	構成
たんぽぽのちえ	はじめ ①話題提示 中（具体） ② 主語「じく」 ③ 主語「じく」　　ちえ1 ④ 主語「わた毛」 ⑤ 主語「わた毛」　ちえ2 ⑥ 主語「じく」 ⑦ 主語「じく」　　ちえ3 ⑧ 主語「わた毛」 ⑨ 主語「わた毛」　ちえ4 終わり（抽象）⑩まとめ 尾括型
どうぶつ園のじゅうい	はじめ ①話題提示　中②〜⑧　終わり⑨まとめ　頭括型 | 段落	いつ	仕事	動物
---	---	---	---
2	朝	動物園の中を見回る	
3	見回りが終わる頃	お腹に赤ちゃんがいるかみる	いのしし
4	お昼前	薬を飲ませる	日本ざる
5	お昼すぎ	歯茎の治療	ワラビー
6	夕方	薬を飲ませてボールペンを吐かせる	ペンギン
7	一日の仕事の終わり	日記を書く	
8	動物園を出る前	お風呂に入る		
おにごっこ	はじめ ①問い1（遊び方）　問い2（理由） 中 ② 事例Ⅰ　場所を限定するおにごっこ（鬼にとって都合が良い） ③ 事例Ⅱ　安全地帯を作るおにごっこ（逃げる人にとって都合が良い） ④ 事例Ⅲ　おにが増えるおにごっこ（鬼にとっても逃げる人にとっても都合が良い） ⑤ 事例Ⅲの補足　追加する遊び方とその理由 終わり ⑥ まとめ 尾括型

2年 物語の系統指導
「中心人物のこだわり」を既習教材を基にとらえる

暁星小学校　野中太一

1　教材の特徴

（1）「スイミー」（光村図書2年上）

　文章全体は、前話（説明）と本話に分けられる。本話は、中心事物スイミーの心情で大きく三つに分けられる。スイミーは最初の仲間を大きな魚に食べられて一人ぼっちになったのにもかかわらず、新しい仲間に出会った時に何とか岩かげから仲間を連れ出そうとする。「こわくて、さびしくて、かなしかった」のだから、新しい仲間に出会えた時にはほっとして一緒に岩かげで過ごす方が安心なのに、なぜ、仲間を連れ出そうとするのか。それは、前話（説明）にあるように、きょうだいたちと「たのしくくらす」ことがスイミーのこだわりだからである。スイミーは、「こわくて、さびしくて、かなしかった」時に、海のすばらしいものたちが元気にしてくれた景色をきょうだいたちと一緒に楽しみたいと思ったのである。その素晴らしさを読者に伝えるために、倒置法で表現されているのである。スイミーは、そのこだわりを実現するために、「かんがえた。いろいろかんがえた。うんとかんがえた」。その結果、自分の個性を生かすことと、仲間と協力することを思いつく。それが、作品の主題となる。

（2）「わたしはおねえさん」（光村図書2年下）

　うたをつくるのが好きなすみれちゃんなので、「お話の最後にうたをつくった」という設定をつくる。単元の最初に自分がつくったうたと、単元の最後につくったうたを自分自身が比べることで、自分の読みの深まりに気づくことができる。

　文章全体は、前話（説明）と本話の大きく二つに分けられる。本話は、すみれちゃんの部屋に誰がいるかを基準に「すみれちゃん」「かりんちゃん」「すみれちゃんとかりんちゃん」の三つに分かれる。「すみれちゃん」の場面では、えらいおねえさんだから自分から宿題をやると言って途中で花の水やりに気を取られてしまう。「すみれちゃんとかりんちゃん」の場面では、「半分くらいなきそうで」「もう半分はおこりそう」だったすみれちゃん、「じっと。ずっと。」ノートを見ることで、「あはは。」と一緒に笑い合い、自分がなりたかった「ちょっぴりえらくてやさしくてがんばるおねえさん」になる。「じっと。ずっと。」見ることですみれちゃんは何に気が付いたのだろうか。お姉ちゃんの真似をして机で「おべんきょ」をするかりんちゃん、すみれちゃんが水やりをしていたお花を描いているかりんちゃん。お姉ちゃんを慕う妹の姿が見えてくる。「じっと。ずっと。」からすみれちゃんの気持ちを想像することで、因果関係に気づき、自分の読みが詩の創作に表現されるようになる。

2　系統を踏まえた授業

　『スイミー』と『わたしはおねえさん』との分析を比べてみると、前話（説明）に中心人物のこだわり続けたことが書かれている。ここを子供が読むことが、論理的に考える授業になるポイントである。また、本話は、場面分けの基準こそ異なるものの、「変容前」「変容のきっかけの出来事」「変容する（変容後）」ときれいに三つに分かれる。さらに、二作品とも、中心人物が変容する時は中心人物が熟考するのである。スイミーは、「かんがえた。いろいろかんがえた。うんとかんがえた」結果、自分の特徴を生かすことを思い付く。その原動力になったのが、「きっかけの出来事」である「すばらしい・おもしろいものたち」である。すみれちゃんは、「じっと。ずっと。」かりんちゃんが落書きしたノートを見る。その結果、自分の真似をする妹、水やりに行った自分を目で追う妹の存在に気づく。「消しかけて、でも消すのをやめて次のページを開」いたのは、そういった妹を愛おしく感じたからであろう。だから、「コスモスになんか、ちっとも見えない、ぐちゃぐちゃの絵がかわいく見えてきた」のであろう。

　このように考えると、『わたしはおえんさん』の課題「すみれちゃんはこの後うたを作りました。どんなうたを作ったでしょう。」取り組むときに、最初から妹かりんに対する愛おしさが表れる詩を書く子が出てくるかもしれない。「どうして、こういう詩にしたの？」という投げ掛けに、『スイミー』での経験を活用して、変容でとらえる子が出てくるかもしれないし、前話（説明）に書かれた中心人物のこだわりに着目する子もいるかもしれない。いずれにしても、課題に取り組むために考える問いを解決する過程で、子供が考えた理由に『スイミー』の既習事項がきような授業を展開することが必要である。

　先に述べたように、『わたしはおねえさん』と『スイミー』では、きっかけのとらえ方が異なる。『スイミー』ではきっかけの場面で見たことが直接変容に影響するのに対して、『わたしはおねえさん』では、きっかけの場面の出来事は、直接変容には結びつかない。後になって、中心人物であるすみれちゃんがあの出来事を意味づけることによって変容する。『スイミー』に比べると、後に行う『わたしはおねえさん』の方が、変容のきっかけのとらえが深くなっていることも、系統指導指導としての並び方の価値である。

　最後に、両教材は、二年生の教材らしく、気持ち（心情）が直接表現されている特徴も生かしたい。「こわかった」「さびしかった」「かなしかった」「すばらしい」「おもしろい」や「幸せ」「半分泣きそう」「半分おこりそう」「かわいく思えてきました」等である。このような心情の直接表現を丁寧におさえることで変容がとらえやすくなる。

　『わたしはおねえさん』の中心人物すみれちゃんの変容のきっかけの解釈は少し難しいので深く入らない方がよいかもしれないが、以上のことから、『スイミー』と『わたしはおねえさん』の系統を意識して単元を組むことは価値があると考える。

3 系統表について

知識及び技能 「用語」「方法」「原理・原則」	思考力・判断力・表現力等 問題解決の過程	
・説明（前話）…中心人物スイミーの特徴と仲間と暮らしていることがたのしいことを伝えている。 ・変容…中心人物スイミーの特徴は、中心人物がこだわり続けたこと…小さな魚のきょうだいたちとたのしくくらすこと。 ・変容…中心人物スイミーの変容は、「こわい さびしい かなしい」場面が〈はじめ〉、「仲間を出したい」場面が〈終わり〉としてとらえる。 ・きっかけ…すばらしいもの、おもしろいものを見た。 ・体言止め…何が素晴らしいものなのかを強調する。 ・くり返し…「スイミーはかんがえた。いろいろかんがえた。うんとかんがえた。」から、協力すること、個性を生かすことという主題がみえる。	・スイミーの気持ちを基にお話を大きく三つに分けましょう。 ・スイミーは、「すばらしいもの・おもしろいもの」をいくつ見ましたか。それは、どこがすばらしかったり、おもしろかったりしましたか。 ・スイミーがずっとしたかったことは何？ ・このお話が伝えていることって何だろう？	**課題** スイミーがずっとしたかったことは何？
・説明（前話）…中心人物すみれちゃんのこだわりが明記されている。 ・中心人物がこだわり続けたこと…ちょっぴりえらくてやさしくてがんばるお姉さんになりたい。。 ・変容…中心人物すみれちゃんの変容は、「すみれちゃん」の場面が〈はじめ〉、「すみれちゃんとかりんちゃん」の場面が〈終わり〉としてとらえる。 ・きっかけ…中心人物すみれちゃんの変容点は「あはは。」であり、きっかけは「じっと。ずっと。」である。この「じっと。ずっと。」の背後には、お姉ちゃんを追いかえるかりんちゃんの思いにすみれちゃんが気づいたという解釈が含まれる。 ・表記…「じっと。ずっと。」の句点「。」の効果を、読点「、」と比較することで考える。	・すみれちゃんの部屋に誰がいるかを考えて場面を分けましょう。 ・最初の場面のすみれちゃんはどんなすみれちゃんですか？最後の場面のすみれちゃんはどんなすみれちゃんですか？ ・すみれちゃんが本当のお姉さんになったのはどこだと思いますか？ ・「じっと。ずっと。」と「じっと、ずっと。」を比べて、すみれちゃんが変わったきっかけを考えましょう。 ・すみれちゃんは、この後、どんなうたを作ったと思いますか。 ・すみれちゃんに成りきって作りましょう。	**課題** すみれちゃんはこの後うたを作りました。どんなうたを作ったでしょう。

教材名	構成
スイミー	【場分分けの基準】スイミーが誰といる 【説明】みんな赤いのに、一ぴきだけは、からす貝よりもまっくろ。およぐのは、だれよりもはやかった。 こわい さびしい かなしい にげたのはスイミーだけ。スイミーはおよいだ、くらい海のそこを。こわかった。さびしかった。とてもかなしかった。海には、すばらしいものがいっぱいあった。おもしろいものを見るたびに、スイミーは、だんだん元気をとりもどした。 きょうだいたちを岩かげから出したい 「出てこいよ。みんなであそぼう。おもしろいものがいっぱいだよ。」 スイミーはかんがえた。いろいろかんがえた。うんとかんがえた。 スイミーは教えた。けっして、はなればなれにならないこと。みんな、もちばをまもること。 「ぼくが、目になろう。」
わたしはおねえさん	【場面分けの基準】すみれちゃんの部屋にいる人 【時】十月の日曜日の朝の小一時間 【説明】おねえさんって、ちょっぴりえらくてやさしくて、がんばるもので、ああ、二年生になってしあわせ。 すみれちゃん 「えらいおねえさんは、朝のうちにしゅくだいをするんだわ。」 「そうだ。コスモスにお水をやらなくちゃ。」 かりんちゃん すみれちゃんのへやでは、ちょっとしたことが起きていました。 すみれちゃんとかりんちゃん 半分くらい、なきそうでした。もう半分は、おこりそうでした。すみれちゃんは、もういちど、ノートを見ました。じっと。ずっと。 「あはは。」「あはは。」 けしかけて、でも、けすのをやめて、すみれちゃんは、次のページをひらきました。

2年 物語の系統指導

3年 説明文の系統指導
事例の順序と文章構成に着目して読む

東京・東村山市立久米川小学校　小島美和

1　教材の特徴

（1）「言葉で遊ぼう」（光村図書3年上）の特徴

- 「問い」と「答え」に着目することで「何がどのように書かれているか（文章構成）」をつかむことができる。
- 話題提示・問いの文が「はじめ」に、事例と説明が「中」に、まとめが「終わり」に述べられた三部構成になっている。
- 尾括型の説明文。話題に対する関心をもたせたうえで、読者を引き込みながら筆者の主張に導くことができる。
- 「中」の事例が言葉遊びの説明、具体例、楽しさの順に説明されている。
- いろいろな言葉遊びのそれぞれの楽しさというように中の具体の説明を抽象化してまとめる。

（2）「こまを楽しむ」（光村図書3年上）の特徴

- 「問い」と「答え」に着目することで「何がどのように書かれているか（文章構成）」をつかんだり、筆者の主張をとらえたりすることができる。
- 話題提示・問いの文が「はじめ」に、事例と説明が「中」に、まとめと筆者の考えが「終わり」に述べられた三部構成になっている。
- 「中」の事例が回る様子と回し方の2つに大きく分けられている。
- 文章全体を具体と抽象に分けることができ、抽象の部分に筆者の考えが述べられている。
- 写真資料の効果などから筆者の説明の工夫をとらえることができる。

（3）「すがたをかえる大豆」（光村図書3年下）の特徴

- 「問い」が書かれていないため、「隠れた問い」がどこに入るか、どのような問いが入るかを考えることで文章構成が捉えやすくなる。
- 段落の主語に着目することで、主語連鎖から話題提示が「はじめ」、事例と説明が「中」、まとめと筆者の考えが「終わり」に述べられた三部構成になっていることを捉えることができる。
- 「中」の事例の述べ方が共通していて、最初に一番重要な文が書かれている。
- 「中」の順序が見た目で分かりやすいものから分かりにくいものへ、作り方の手の込んでいないものから、手の込んだものへとなっている。
- 文章全体を具体と抽象に分けることができ、抽象の部分に筆者の考えが述べられている。
- 写真資料の効果などから筆者の説明の工夫をとらえることができる。

2 系統を踏まえた授業

(1)「思考のズレ」から共通の「問い」をもつ

　「言葉であそぼう」や「こまを楽しむ」の学習では、一読した後、「どんなことが述べられていたか、題名を使って問いの文を作ってみよう。」という活動指示を出す。それぞれの読みのズレから問いがいくつかに分かれるのを整理しながら、学習課題を「どんな言葉遊びや楽しさがいくつあるの。」「どんなこまがいくつあるの。」という形にまとめていく。

　「すがたをかえる大豆」の学習では、「全体を三つに分けてみよう。」という活動をすることで、どこまでを「はじめ」とするか思考のズレが生じると考えられるため、「文章構成はどうなるか。「はじめ」はどこまで？」という形で学習課題を確認する。

(2)「問い」の解決をめざす

　「言葉であそぼう」や「こまを楽しむ」の学習では、「問いの文・答えの文は何ですか。」という発問から、問いと答えの関係をもとに、「はじめ」「中」のまとまりを捉えていく。「中」の事例の説明と「終わり」のまとめとを結び付けながら課題の解決へと向かっていく。また、「こまを楽しむ」では、多くの写真資料が用いられているため、答えの文を確認する際に、関連付けて説明内容を理解したり、述べ方の工夫として捉えたりできるようにする。

　解決１　「問いの文」「答えの文」を見付け、文章構成を捉える。
　解決２　具体と抽象を捉える。
　解決３　事例の順序や書き方に着目する。

　「すがたをかえる大豆」の学習では、問いの文が無いため、どんな問いの文が入れられるか考える。その後、段落の大事な文を選び、要点をまとめていく。その際、大事になるのが、段落の主語である。主語連鎖に着目することで、段落相互の関係やまとまりが見えるようにする。そして、最後に、なぜこの順番に説明されているのか、接続語や説明のしかた、写真資料についてなどの説明の述べ方の共通点を探ることで、分かりやすく説明するための工夫を確認する。

　解決１　「問いの文」を考える。
　解決２　段落の主語に着目する。
　解決３　事例の順序や書き方に着目する。

(3)「問い」を解決し、学びを広げる

　「終わり」のまとまりにあるまとめや筆者の考えの言葉を中の事例をもとに説明することで、問いを解決し、理解を深めていく。最初に思考のズレが生じた課題について、学習したことをもとに、もう一度考え、まとめていく。その際、具体と抽象を区別し、抽象から具体を読むことで、論理的に読むことができるように指導していく。

　この３つの説明文は、まとめのみで終わっていた説明文から、筆者の考えが出てくる説明文になる点にも着目し、筆者の考えを表す部分が必要かどうか考えること「終わり」のまとまりの役割についても考えていけるようにする。

3 系統表について

知識及び技能 「用語」「方法」「原理・原則」	思考力・判断力・表現 問題解決の過程
【問い】読み手を引きつけ、文章を書き進めるために筆者が書こうとする内容を疑問の形で表した文のこと。 【答え】「問い」に対する内容をまとめた文や段落のこと。2文の問いには、2つの答えがある。「問い」と「答え」に着目することで文章構成をつかむことができる。 【三部構成】文章を基本的な3つの部分に分けて考えるときのはじめ・中・終わり。話題提示や問いがはじめ・事例と説明が中、終わりにまとめがあると捉えることができる。	・3つのまとまりに分けましょう。 ・それぞれのまとまりの役割は何でしょう。 ・いろいろな言葉遊びのそれぞれの楽しさとは、どんな言葉遊びや楽しさがあるのでしょう。 ◇問いの文、答えの文に着目しながら文章構成を捉える。
【問いと答え】2文の問いには、2つの答えがある。「問い」と「答え」に着目することで文章構成をつかむことができる。 【三部構成】文章を基本的な3つの部分に分けて考えるときのはじめ・中・終わり。話題提示や問いがはじめ・事例と説明が中、終わりにまとめがあると捉えることができる。 【具体・抽象】具体とは、個々の物事の説明や事例の部分。抽象とは、具体をくくった部分。抽象とは、個象度の高い部分のさらなる抽象部分が筆者の考え。	・3つのまとまりに分けましょう。 ・終わりのまとまりの一番大事な文はどれでしょう。 ・回る様子で楽しむこまと、回し方を楽しむこまってどのこまのことでしょう。 ・どんなこまがいくつ紹介されていたでしょう。 ◇問いの文、答えの文に着目しながら文章構成をつかむとともに、文章全体を具体と抽象に分け、具体部分の事例の順序や書き方など説明の工夫について捉える。
【問いと答え】問いの文がないので、どんな問いの文が考えられ、どこにその問いが入るかを考えることで、三部構成を捉えていく。 【要点】形式段落の中で筆者が述べようとしている主要な内容。形式段落内の重要な文や言葉を文末にして体言止めでまとめる。段落の主語を文末にして体言止めで表す。 【段落の主語】各段落の中心となる語。「何について書かれた段落か」の答えとなる。 【三部構成】文章を基本的な3つの部分に分けて考えるときのはじめ・中・終わり。話題提示や問いがはじめ・事例と説明が中、終わりにまとめ・事例と説明が中、終わりにまとめ・筆者の考えがあると捉えることができる。	・段落の要点は何でしょう。（段落の主語は？） ・筆者の説明の工夫は何でしょう。 ・なぜこの順番に説明されているのでしょう。 ・この文章構成を使って説明する文章を書きましょう。 ◇段落構成に着目しながら要点をまとめ、文章構成をつかむとともに、接続詞や事例の順序、述べ方など説明の工夫について捉え、筆者の主張を読む。

教材名	構成	力等
言葉で遊ぼう	【はじめ】 ①問いの文 【中】 ②答え①　しゃれ とその楽しさ 【中②】 ③答え②　回文 とその楽しさ 【中③】 ④答え③　アナグラム とその楽しさ 【終わり】 ⑤まとめ	課題　どんな言葉遊びや楽しさがあるの？ ・題名を使って問いの文を作りましょう。 ・問いの文・答えの文は何ですか。
こまを楽しむ	【はじめ】 ①問いの文 【中】答え　種類と楽しみ方 ②中①　色がわりごま ③中②　鳴りごま ④中③　さか立ちごま ⑤中④　たたきごま ⑥中⑤　曲ごま ⑦中⑥　ずぐり 【終わり】 ⑧まとめ・筆者の考え	課題　どんなこまがいくつあるの？ ・題名を使って問いの文を作りましょう。 ・問いの文・答えの文は何ですか。
すがたをかえる大豆	【はじめ】 ①②話題提示　大豆 【中】事例　くふう ③中①　いり豆・に豆 ④中②　きなこ ⑤中③　とうふ ⑥中④　なっとう・みそ・しょうゆ ⑦中⑤　えだ豆・もやし 【終わり】　大豆 ⑧まとめ・筆者の考え	課題　文章構成はどうなる？ 「はじめ」はどこまで？ ・全体を三つに分けましょう。 ・どんな問いの文が入りますか。

3年　説明文の系統指導

3年　物語の系統指導
中心人物の定義で、語り手の視点を捉える

晃華学園小学校　田島亮一

1　教材の特徴

（1）「つり橋わたれ」（学校図書3年上）

・ファンタジー構造のおもしろさ

　物語世界ではあるものの、物語の現実とは異なる「非現実の世界」が構成される作品である。その「非現実の世界」の入口と出口を探すおもしろさだけではなく、山の子どもたちと中心人物トッコとの関わりが変化しているおもしろさにも目を向けさせたい教材である。

・中心人物トッコの変容の明瞭さ

　本教材は、山の子どもたちと心を通わせていく東京の女の子トッコを主人公にした物語である。始めと終わりのトッコの変容を読みの問いにして、トッコの考え方や行動に目を向けながら、男の子の出現が変容のきっかけになっていることを読み取らせると共に、言葉の面白さに気づかせたい教材である。

（2）「あらしの夜」（学校図書3年上）

・勘違いのおもしろさ

　やぎとオオカミとの勘違いのおもしろさ、二人が互いの正体に気づかず、作者と読者だけが気づいている作品のおもしろさを読み取り、作品構造の特色に気づくことができる。

・語り手と読者だけが気づいているおもしろさ

　二匹の会話を中心にストーリーが展開していく。その二人の会話のやりとりを通して、やぎとオオカミとの勘違いのおもしろさ、二人が互いに気づかない、語り手と読者だけが気づいているおもしろさが、作品の特色になっている。

（3）「モチモチの木」（学校図書3年下）

・冒頭部と結末部を対比して、豆太の人物像が「変わったこと」を読み取る。

　臆病な豆太が、医者様を呼び行った勇気ある姿に変わった。「臆病な豆太」から、「勇気ある豆太」へ変容する過程とその因果関係、また、依存的な姿から自立的な姿へ成長している様子を読み取らせることが大切である。

・作品の心である「変わらなったこと」をもとに、作品のからくりを読み解く。

　語り手は、豆太が結局のところ、「豆太は臆病で、甘えっこなのだ。」という結論なのだと考えてしまう。しかし、「人間、やさしささえあれば、やらなきゃならねえことは、きっとやるもんだ。」という語り手の結論である作品の心に辿りつく。つまり、語り手の意図を探し出すように仕組まれている。作品のからくりを子どもたちが紐解いていくことが大切である。

2 系統を踏まえた授業

　系統指導で大切にしたいことは、学習者である子どもたちが１年間に配列された教材をどのような意識で学び、どのような学びの軌跡を残し、学びの財産として自覚できたかということである。つまり、系統指導で学んだ学習用語が、真に子どもたちにメタ認知され、使える知識・技能になることが大切であると考える。

　子どもたちが教材を貫く問いの意識は、次のような内容である。

> 系統指導で教材を貫く大きな問い　「中心人物とは、どんな人物？」

　この問いで、１年間の３つ教材「つり橋わたれ」「あらしの夜」「モチモチの木」を子どもたちは、読んでいく。

○「つり橋わたれ」（学校図書３年、４月教材）

　２年生までに学んだ中心人物の定義は、「物語の始めと終わりで心情が一番大きく変わった人物」である。そのため、この物語では、その定義を生かし、始めと終わりの中心人物の変容を読んでいく。変容は、明確である。「トッコがつり橋を渡れた」という事実である。と同時に、その変容のきっかけが、中の部分である不思議な男の子との出会いである。この出会いで、中心人物が変容していく様子を読み取らせることが大切である。つまり、<u>中心人物の心情の変容、非現実の世界の入口と出口とファンタジー構造の理解</u>が指導事項になる。

○「あらしの夜」（学校図書３年、７月教材）

　この単元で生きて働く原理・原則は、「中心人物とは、語り手が寄り添っている人物」という定義である。まず、問いを持たせる。「やぎとおおかみ、どちらが中心人物なの？」という問いである。やぎとおおかみのどちらも心情が変容しているので、「つり橋わたれ」での中心人物の定義では、判断がつかない。そこで、登場するのが、語り手の存在である。語り手は、やぎとおおかみのどちらに寄り添っているかを問いにして読む。と同時に、二人が互いの正体に気づかないおもしろさや作者と読者だけが気づいている作品のおもしろさに気付かせていく。<u>指導したい学習用語は、中心人物・語り手である。</u>

○「モチモチの木」（学校図書３年、11月教材）

　この単元で生きて働く原理・原則は、「語り手の視点とは、語り手が中心人物に寄り添う立ち位置」という語り手の定義である。まず、問いを持たせる。「豆太は、変わったの？変わらなかったの？」という問いである。この問いによって、この物語の２重構造に気付く。一つは、豆太が勇気ある豆太に変容し、モチモチの木に明かりが灯るのを見たという話と、もう一つは、臆病な豆太は変わらずやっぱりじさまをしょんべんにおこす話である。ここで、「語り手は、中心人物である豆太をどう思っているの？」という問いを持たせる。つまり、語り手の視点が作品の世界を構成し、作品の心を生み出していることに気付かせる。<u>指導した学習用語は、語り手と視点である。</u>

3 系統表について

知識及び技能 「用語」「方法」「原理・原則」	思考力・判断力・表現力等 問題解決の過程	
・お話を三つに分けるとしたら、どこで分かれますか。 ・不思議な世界の入口と出口は、どこですか。 ・男の子と出会う前と出会った後では、トッコの何が変わったのですか。 ・トッコが変わっていく様子を表す言葉を探して並べてみよう。 ・このお話を一文でまとめましょう。 ・中心人物トッコの変容は、非現実の世界である男の子の出現がきっかけになっていることを理解する。	◇中心人物トッコの変容は、非現実の世界である男の子の出現がきっかけになっていることを理解する。 【題名】誰がどんな時にどんな場所で語った言葉なのかを考えることで、中心人物のこだわりを読むことができる。 【説明（設定）】中心人物が男の子の出現によってどのような理由や状況で祖母の家に来たのかを押さえることで、その心情を読むことができる。 【変容】中心人物が男の子の出現によって変容していく。その過程を露出することで、変容の様子が見えてくる。渡れたことが変容の結果である。 【中心人物のこだわり】つり橋を渡ることがこだわりになっている。つまり、渡ることによって、山のくらしが楽しくなる。 【ファンタジーの入口と出口】風がふくことが、非現実の不思議な世界の入口と出口になっていると同時に、中心人物の変容のきっかけにもなっている。	課題 不思議な世界の入口と出口は、どこですか。
・次の言葉は、やぎとおおかみのどちらが言った言葉、おおかみが言った言葉、どちらなの言葉？ ・初めの誤解は、どんな誤解がいくつあったのでしょうか。 ・二回目の誤解は、どんな誤解でしたか。 ・三回目の誤解は、どんな誤解でしたか。 ・四回目の誤解は、どんな誤解でしたか。 ・最後の二人の結末は、どんな終わり方だったのでしょうか。 ・語り手は、やぎとおおかみのどちらに寄り添っているのですか。 ◇中心人物を、「語り手が寄り添っている人物」という新しい定義で理解する。	【題名】状況という設定が題名になっていることが、登場人物同士の関わりの条件になっていることを読むことができる。 【説明（状況）】登場人物がどのような状況で小屋にもぐりこんだのか、その状況が誤解の文脈につながる。 【設定】あらしの夜の闇や雷が人物関係を形成していることに気付くことができる。 【語り手】語り手と読者だけが知っている世界が、作品のおもしろさになっていることを理解できる。 【中心人物】語り手が寄り添う人物が中心人物であるという定義を理解することができる。 【人物関係】二人の関係が、誤解し合う関係から、友情を芽生える関係へ変化していることに気付くことができる。	課題 中心人物は、やぎとおおかみのどちらですか。
・豆太が変わったところは、どこですか。 ・変わったところと出来事のカードを並び替えましょう。 ・一番大きく変わったところは、どこですか。 ・なぜ、大きく変わったのですか。 ・なぜ、豆太はこだわっていることは、何ですか。 ・変わらなかったことは、何ですか。 ・語り手は、豆太をどのように思っているのですか。 ・作品の心は、何ですか。 ◇変わったことと変わらなかったことを整理することで、この作品の二重構造（勇気ある豆太とやっぱり臆病な豆太）を理解することができる。	【題名】中心人物のこだわりが題名になっている。 【説明（設定）】語り手が語る人物像（おくびょう豆太）は最後まで変わらない。と同時に、じさまの豆太への愛情も、最後まで変わらない。 【語り手】語り手は、最後まで豆太を最後までみつともないおくびょうな子と見ているが、勇気ある豆太への温かなまなざしを感じる表現もある。 【中心人物】中心人物が変化した所と変化しなかった所から、二つの定義が成り立つことに気付く。一つは、勇気ある豆太に変化したこと、二つ目は、語り手が最後まで変わらず臆病と思いつつ寄り添っていることである。 【作品の心】豆太が、医者さまを呼びに行けたのは、やさしさと勇気ある行動を取ることができたのは、やさしさと勇気との二面性が作品の心になっている。	課題 豆太は、変わったのでしょうか？ 変わらなかったのでしょうか？ どちらですか？

構成

教材名	本文	場面構成
つり橋わたれ	トッコの家は東京ですが、お母さんが病気になったので、この山のおばあちゃんの家にあずけられたのです。おばあちゃんは、トッコがさびしがると思って、子どもたちを三人よんできました。	**変容前（現実）**：「やあい、やあい、くやしかったら、つり橋わたって、かけてこい。」トッコは、きゅっとくちびるをかしめて、ゆれるつり橋を見ました。 **入口／出口（非現実・男の出現）**：とつぜんどっと風がふいて、木の葉をトッコにふきつけました。男の子は、わらいながら、つり橋をトントンかけていきました。トッコは、もうこわいと思いませんでした。また、どっと風がふきました。 **変容後（現実）**：「おめえ、つり橋わたれたから、いっしょにあそんでやるよ。」それからです、トッコが山のくらしが楽しくなったのは。
あらしの夜	あれくるった夜のあらしは、そのつぶてを、ちっぽけなやぎの体に、右から左から、力まかせにぶつけてくる。白いやぎは、やっとの思いでおかをすべり下り、こわれかけた小さな小屋にもぐりこんだ。	**誤解1**：ひづめの音だ。なあんだ、それならやぎにはちがいない。やぎのほうは、相手がおおかみとは、まだ気がつかない。どうやらおおかみのほうも、相手がやぎだとは気づいていない。 **誤解2**：今当たったのはひざなんだ。鼻かぜをひいちまったらしい今分かるのは、おたがいに声だけあのおいしい…。遠くで鳴ったかみなりに、ちょうどその声はかき消された。あら、わたしもですよ。ほんとによくにてますねえ。 **誤解3 誤解4**： **意気投合**：雲の切れ間に、星すら出てきたおいらたちの合い言葉「あらしの夜に」ってことっすね。
モチモチの木	まったく豆太ほどおくびょうなやつはいない。もう五つにもなったんだから、夜中に一人でせっちんぐらいに行けたっていい。峠の漁師小屋に、自分とたった二人で暮らしている豆太が、かわいかったからだろう。	**夜になるとおくびょう豆太**：昼間は強気なのに夜になるとおくびょうになる。モチモチの木って、豆太がつけた名前だ。昼間は木の下に立って、かた足で足ぶみして、いばってさいそくする。夜になるともうだめなんだ。五つになって、みっともないやなあ。でも、豆太は、そうしなくっちゃだめなんだ。 **モチモチの木の灯を見た**：霜月二十日のばん、一人の子どもしか、見ることはできねえ。それも勇気のある子どもだけだ。とんでもねえ話だ。ぶるぶるだ。「じさまぁ！」なきなき走った。真夜中にじさまを助けるために、医者様を呼びに行きモチモチの木に灯りがともるのを見た。 **弱虫でもやさしけりゃ**：じさまは元気だが、やはりおくびょうな豆太。おまえは、一人で医者様を呼びにいけるほど、勇気のある子どもだったからな。それでも、しょんべんに起こしたとさ。その晩から、しょんべんに起こしたとさ。

4年　説明文の系統指導
文章を要約する

東京・杉並区立高井戸小学校　駒形みゆき

1　教材の特徴

(1)「空飛ぶふろしきムササビ」(学校図書4年上)の特徴

- 「空飛ぶふろしきムササビ」は、「ムササビがくらす森」という説明文と2つの文章がセットで配置されていて、比べながら読む学習が設定されている。どちらも題名に「ムササビ」が入っているが、筆者が伝えたい内容は、異なっている。このことは、題名を比べても分かる。

    A　[空飛ぶふろしき]ムササビ
    B　[ムササビがくらす]森

- どちらの文章も二つの事実から説明がなされている。その後に筆者の考えがある。
- 「空飛ぶふろしきムササビ」は、ムササビの体の仕組みのすばらしさを伝えることに終始する文章である。一方、「ムササビがくらす森」は、ムササビの暮らしを紹介し、そのムササビが暮らす森の必要性を例として、生き物全体の暮らしへと広げ、筆者の主張を展開している。
- 空を飛ぶしくみの説明では、実験や図を取り入れて、読者に分かりやすく伝える工夫をしている。

(2)「さわっておどろく」(学校図書4年下)の特徴

- 筆者は、全盲の視覚しょうがい者であることから、その体験に基づいて、意見を述べている。問いを設定して説明するタイプではなく、体験から導かれた筆者の考えが、積み重ねられる展開である。「わたし」「自分」という言葉や文末表現により、筆者の考えが現れている部分が捉えやすい。
- 「さわっておどろく」という題名に着目すると、「だれが」「何に」「どうして」驚くのか、という読みの課題を設定することができる。
- 筆者の主張が最後にまとまっている。この考えに対して、読者は感想や考えをもちやすい。けれども、「さわっておどろく」という触ることのよさを述べることから、目が見える人と見えない人の関係へと展開しているところは、急な展開である。
- 「〜でしょうか。」という読者への問いかけが文章の後段で増えている。筆者の提案は、新しい見方や関係を生み出すものなので、読者自身の生活へ広げることができる。

2 系統を踏まえた授業

「空飛ぶふろしきムササビ」(「ムササビがくらす森」)

・本単元の二つの文章では、ムササビが取り上げられているが、伝えていることは、異なる。そこで、「両方ともムササビのことが書かれているが、何が違うのだろう」という切り口からアプローチすることが考えられる。題名からは、修・被修の関係で分かる重要な語句の捉え方や題名の役割が指導できる。また、筆者の考えがまとめられている段落を捉えることで、その段落を捉える方法や文章全体の構成について指導することができる。

・筆者の考えを読者に分かりやすく伝えるために、二つの文章は、どのような工夫をしているかを比べて読むことができる。どちらの文章も事実に基づいて考えを述べている。「空飛ぶふろしきムササビ」では、身近な道具を使った実験を取り入れ、観察して分かることも加えている。その事実を分かりやすく伝えるために図を取り入れる工夫も見られる。「ムササビがくらす森」では、身近な生き物の観察と調査により分かったことを基にすることで、読者の生活の場を想起させている。

・さらに二つの文章の違いを捉えたことを要約の学習に生かす。筆者の伝えたいことの違いを意識して、その違いを明確にした要約文を書くという学習活動を設定することができる。

「さわっておどろく」

・「さわっておどろく」とは、どのような意味なのか考えることから学習課題を設定することができる。

・筆者が、この文章でどのような主張をしているのかを把握する。そして、この考えに至るまでの体験とそのときに生まれた考えを関係付けて理解しながら読むようにする。つまり、「少しずつ自分の考えが変わってきました。」というは、どのように考えが変わったのか、前後を比較しながら探る。事例が何と何を比較しているのかを意識して読むことは、読む方法の重要なカギになる。「目の不自由な人」を「さわることを得意とする人」と捉え直すところは、はじめの点字を読むことと関係付けられる。

・筆者が述べている内容は、読者にとって新しいものの見方を促すものである。「両方向の矢印が成り立つ」という筆者の考えを受けて、自分の身の回りの出来事を見直す。そうすることで気付いたことを表現し、共有する学習を設定することができる。

　中学年の学習では、「要約する」ことが取りあげられている。文章の構成や特徴により、要約の方法は変わってくる。このこと考慮して学習指導の系統化を図るようにする。

　「空飛ぶふろしきムササビ」は、自然科学の紹介的な文章で、自然のしくみのすばらしさを強く伝える文章である。問いと答えを中心に要約することができる。「さわっておどろく」は、筆者の考えが強く、意見文を書くことに生きる文章である。筆者の主張を中心に考えの変化を押さえた要約文を書く。

3　系統表について

知識及び技能 「用語」「方法」「原理・原則」	思考力・判断力・表現力等 問題解決の過程
【題名】話題を示し、読者の興味を引く言葉を用いている。課題の設定に生きる。 【段落の役割】段落のまとまりを捉えることができる。 【文章の構成】文章全体のつながりをつかむことができる。 【比べて読む】二つの説明文を比べて読むことで、それぞれの特徴が明確になる。 【要約する】事例とまとめの関係が整理され、筆者の考えをつかむことができる。 【しくみの説明（実験・図）】定義や原理を説明し、新しい概念をつくる。	課題　どちらも題名に「ムササビ」が入っている文章だが、何が違うのだろう。比べて読もう。 ・「空飛ぶふろしきムササビ」は、それぞれの段落にどのような内容が書かれているでしょう。 ・「空飛ぶふろしきムササビ」と「ムササビがくらす森」を比べて読むには、どのようにするとよいでしょう。 ・「空飛ぶふろしきムササビ」と「ムササビがくらす森」の違いは、何でしょう。 ◇文章が伝えることの違いを意識し、要約文を書く。
【筆者の考え】伝えたい考えが、主張となってはっきりと現れているので、このことを中心に文章を読む。 【事例・体験】筆者の考えが生まれた理由や背景となっていることを読む。 【要約する】きっかけとなる体験との関係をまとめることで、筆者の考えの変化が整理される。 【比べる】筆者の考えの変化に対し、題名を「さわっておどろく」にした理由が推測できる。	課題　どうして筆者は、この題名をつけたのだろう。 ・筆者が一番伝えたいことは、何でしょうか。 ・「少しずつ自分の考えが変わってきました。」と筆者が述べているのは、どういうことなのでしょうか。変わる前と後の違いは何でしょう。 ・筆者の考えが変わるきっかけとなったアメリカの体験は、どのようなことだったのでしょう。 ・筆者の考えに対し、どのような感想や考えをもちましたか。 ◇筆者の考えの変化に焦点を当て、本文を要約する。

教材名	構成
空飛ぶふろしきムササビ	【ムササビの紹介・問い】 ① 飛んでいるすがたは、ふろしき。 ② どのように飛んで移動するのか。 【答え①飛ぶしくみの説明】 ③ 「飛まく」をつばさにして飛ぶ。 ④⑤⑥ どうやって飛ぶのか、うちわで実験 ⑦ うき上がる力で飛ぶ。 【答え②移動の説明】 ⑧ 尾を使ってうつりたい方向へ行く。 【まとめ】 ⑨ 生きていくために大切な仕組み。
さわっておどろく	【自己紹介】 ①② 筆者は、全盲のしょうがい者 【気付きと始めの考えの説明】 ③④⑤⑥⑦ 視覚しょうがい者が楽しめる博物館 （誰もが楽しめる博物館） 【変化のきっかけとなる出来事の説明】 ⑧⑨⑩ アメリカでの体験 【変化した考えの説明】 ⑪⑫⑬⑭⑮ 目が見える人がさわっておどろく きっかけとなる博物館・てんらん会 【筆者の主張】 ⑯⑰ 両方向が成り立つ関係

4年　物語の系統指導
読後感を読み深める

東京・三鷹市立高山小学校　関口佳美

1　教材の特徴

（1）「ごんぎつね」（学校図書4年下）の特徴

- 全6場面。語り手に注目すると、第1場面の冒頭は［前話］、以降が［本話］である。
- 中心人物（語り手がずっと寄り添い心を語っているのは）ごん。
- 第6場面の視点の転換後に、クライマックス「ごんは、ぐったりと目をつぶったまま、うなづきました。」がやってくる。
- ごんのこだわりは、兵十への償いではなく、「ひとりぼっち（はいやだ）」という思い。本当のこだわりに気付くと、ごんが繰り返すいたずらや償い、兵十への思いが深く読める。
- 一文に表すと「ひとりぼっちのごんぎつねが、兵十に撃たれてしまうことによって、初めて他者と心が通じ合えた話。」ごんのこだわりは成就するので、作品の事実は「ごんは初めて他者と通じ合えた」という結末になるが、最後の一文に影響される不穏な雰囲気に、読者は微妙な読後感を味わう。ここに作品のおもしろさ（主題）が表れている。

（2）「世界でいちばんやかましい音」（学校図書4年下）の特徴

- 大きく［前話］［本話］［後話］の三部構成になっており、［本話］がさらに［時］で三つに分かれる二重構造。［前話］と［後話］で町の変化が対比的に説明されている。［後話］には、「そして、この町の人々は…」の部分がない。
- 語り手が気持ちを描写しているのは、［本話］に登場する①王子様、②王様、③ちいさな町の夫婦、④世界中の人々、である。
- 一見、全ての登場人物が「世界でいちばんやかましい音」にこだわっているように読める。しかし、王子様が本当にこだわっていたのは、「これで十分という気持ち（になりたい）」という思い。生まれて初めて自然の音を聞いたことで王子様のこだわりは成就する。これは、他の登場人物のこだわり「世界でいちばんやかましい音が聞きたい」が成就しないという展開に支えられており、ここに皮肉めいた作品のおもしろさ（主題）が表れている。
- 一文に表すと、「世界でいちばんやかましいガヤガヤの町が、ギャオギャオ王子が生まれて初めて自然の音を聞き静けさと落ち着きを気に入ったことによって、人々の生活が変わり、世界でいちばん静かな町になった話。」
- 小さな町の夫婦の思いつきが広がる様子が、「別に悪気はなかったのですが」の繰り返しで表現されている。また、王子様の変容が、「…のです」の繰り返しで強調されている。

2 系統を踏まえた授業

　第4学年には、『白いぼうし』『ごんぎつね』『世界でいちばんやかましい音』などの学習材がある。終結部が印象深く、読者の読後感に強い影響を与える作品が多い。しかし、これは作品の雰囲気であって、作品の事実ではない場合がある。作品の事実は、中心人物が何にこだわり、そのこだわりは何をきっかけに成就したのか（しなかったのか）を正しく捉えなければ読めない。作品の事実を捉えなければ、おもしろさを読み深めることは難しい。

　そこで、授業作りには、①読後感を問う。②読後感の要因を捉えるために、中心人物の本当のこだわりを見付け、成就したか否かを読む。③②で捉えた作品の事実と最後の一文が与える印象をつなげて作品の主題を捉える、という流れを提案する。特に、②は新学習指導要領「C読むこと」の指導事項（イ）（エ）にある登場人物の気持ちの読み取りに、③は作品のおもしろさを読み深めるために、大切な手順だと考える。

	読後感	中心人物…こだわり（×読み違え　○事実）	成就したか否か
『ごんぎつね』	ごんが死んでかわいそう	ごん…×兵十につぐないたい ○ひとりぼっちはいやだ	兵十に撃たれたことで気付いてもらえた（成就）
『世界でいちばんやかましい音』	表現や結末がおもしろい	王子…×世界でいちばんやかましい音が聞きたい ○これで十分という気持ちになりたい	静けさと落ち着きがすっかり気に入った（成就）

　二つの作品の読後感とこだわりを並べてみる。両作品とも、児童が作品の事実を読み違える可能性の高い作品である。まず、『ごんぎつね』では、「ごんは兵十につぐないたかった」という読み違えを利用し、「ごんが兵十につぐない続けたのはなぜ？」と問う。作品を丁寧に読み直すと、答えは［前話］で説明されるごんの境遇から見えてくる。ごんは「ひとりぼっちの小ぎつね」であり、ひとりぼっちがいやだったのだ。これを踏まえれば、ごんが繰り返すいたずらの意味や兵十の母の死を自分のせいだと思い込む心情が深く理解される。『ごんぎつね』の事実は、ごんが兵十に気付いてもらえたという念願成就の話だと分かる。しかし、何となく物悲しくすっきりしないのは、最後の一文の影響である。作品の事実と最後の一文が与える印象を比べたりつなげたりして、「ひとりぼっちは寂しく、分かり合うのは難しい」という主題を捉えることが、本作品のおもしろさを読み深めた児童の姿だと考える。

　一方、『世界でいちばんやかましい音』では、全ての登場人物が「世界でいちばんやかましい音が聞きたい」にこだわっている、と読み違える児童が多いだろう。そこで、「音を聞けなかったのに王子様が満足そうなのはなぜ？」と問う。児童は、『ごんぎつね』の学びを活用して作品の［前話］を読み直し、王子様の説明から「十分という気持ち（になりたい）」が本当のこだわりだと気付くだろう。他の登場人物たちの身勝手なこだわりは成就しないが、自然の音や静けさと落ち着きによって王子様の純粋な思いは成就し、［後話］では題名とは正反対の静かで平和な町が強調されている。ここから、「人間の身勝手さへの皮肉」や「自然への敬意」といった主題を捉える学習ができ、作品のおもしろさが読み深まるだろう。

　作品のおもしろさは初読の印象の奥にある。こだわりや最後の一文を手掛かりに作品の事実を読み、主題を捉える学習を重ねることで、おもしろさを読み深める力を育てたい。

3 系統表について

知識及び技能 「用語」「方法」「原理・原則」	思考力・判断力・表現力等 問題解決の過程
【構成】大きく【前話】と【後話】に分けられる。 【こだわり】中心人物が作品の始めから終わりまでを貫いて持ち続ける思いや願い。ごんのこだわりは〈ひとりぼっち（はいやだ）〉。こだわりに注目すると中心人物の変容が読める。 【視点の転換】ごんが撃たれる場面では、ごん→兵十→ごんと小刻みに転換し緊迫感を演出している。視点の転換の直後がクライマックス。 【クライマックス】中心人物の変容点。物語が最も緊迫する山場の中で、最高潮の点として存在する。 【最後の一文】作品の印象を方向付け、読み手に強い影響を与える。〈ひとりぼっちは寂しく、分かり合うのは難しい〉が考えられる。 【主題】作品に表された思想内容。〈ひとりぼっちは寂しく、分かり合うのは難しい〉が考えられる。	**課題** 『ごんぎつね』の結末は、幸せ？それとも不幸せ？ ・『ごんぎつね』の結末は、幸せ？それとも不幸せ？ ・ごんの気持ちが一番変わったのはどこかな？ ・ごんの本当のこだわりは何かな？ ・ごんの気持ちはどのように変わったかな？ ・いたずらを繰り返すごんは、本当はどんな気持ちだったのかな？ ・つぐないを続けるごんは、兵十にどんな気持ちをもっていたのかな？ ・加助と兵十の後をつけていくごんの気持ちを想像しよう。 ・『ごんぎつね』結末は幸せ？それとも不幸せ？一文でまとめよう。 ・「幸せな結末」という作品の事実に、なぜすっきりしないのかな？ ・すっきりしない結末にこめた作者の意図（主題）を考えよう。 ◇「つぐないにこだわっているごん」という読みを起点に、前話から ごんの本当のこだわり「ひとりぼっち」を捉え、ごんの言動の意味を再考したり、作品の主題を捉えたりすることで、おもしろさを読み深める。
【題名】本作品では、登場人物たちのこだわりを象徴している。題名と正反対の結末を迎えるところに作者の意図を窺える。 【構成】大きく【前話】【本話】【後話】の三部構成になっており、【本話】がさらに【時】で三つに分かれる二重構造。 【繰り返し／対比】リズムを生み、読み手に楽しさや期待感を感じさせる。また、繰り返される言葉や出来事を強調する効果がある。 【こだわり】本作品では〈世界でいちばんやかましい音〉を巡って、語り手が描写する人物たちが独自のこだわりを展開していく。王様・夫婦・人々の身勝手なこだわりは成就せず、王子様の「十分な気持ち（になりたい）」は成就する。 【主題】作品に表された思想内容。〈人間の身勝手への皮肉〉や〈自然の尊さ〉が考えられる。	**課題** 【後話】の「そして、この町の人々は…」を作ろう！ ・どこがおもしろかった？ ・変化の前と後の町の様子を比べよう。 ・【後話】の「そして、この町の人々は…」を書いてみよう。 ・ガヤガヤの町が変わったきっかけは何？ ・「世界でいちばんやかましい音」にこだわっていたのは、王子様だけ？ ・王子様の本当のこだわりは何？ ・登場人物たちのこだわりはなぜ成就した？しなかった？ ・町の変化や題名に込めた作者の意図（主題）を考えよう。 ・期待した音が聞こえなかったのに、王子様は満足そうなのはなぜ？ ・主題を踏まえて、もう一度、「そして、この町の人々は…」を書いてみよう。 ・今なら、作品のどこがおもしろいと思う？ ◇「世界でいちばんやかましい音にこだわっている王子様」という読みを起点に、【前話】から本当のこだわり「十分な気持ち」を捉え、町が変わった要因を整理したり、作品の主題を捉えたりすることで、おもしろさを読み深める。

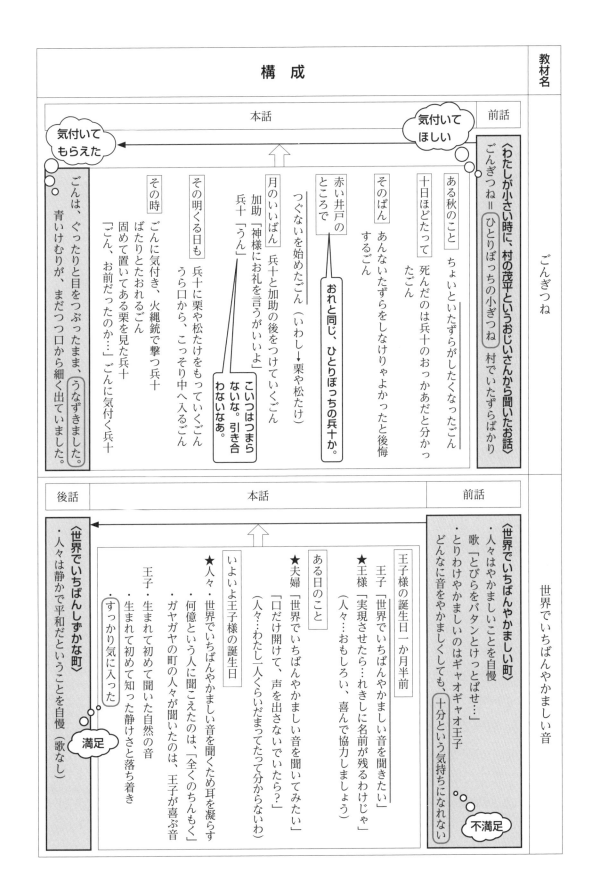

5年　説明文の系統指導
筆者の主張の述べ方の工夫を捉え、要旨をまとめる力を育む

東京女学館小学校　船津涼子

1　教材の特徴

(1)「見立てる」(光村図書5年)

- 本教材は文字数・段落数が少なく、原理原則を学ぶ教材として適している。
- 文章構成は、筆者の主張が初めの段落と最後の段落にある双括型。
- 要旨の概念とそのまとめ方を学ぶ練習として扱うとよい。

(2)「言葉の意味が分かること」(光村図書5年)

- 文章構成は、筆者の主張が初めの段落と最後の段落にある双括型。
- 「『言葉の意味が分かること』とはどういうことか?」という題名が問いになる。
- 題名の問いの答えが、⑪段落の「言葉の範囲を理解する」という筆者の主張に繋がる。
- 本論を2つに分ける過程で、事例が何のために挙げられているかを話し合うことで、筆者の主張に繋がる。

(3)「固有種が教えてくれること」(光村図書5年)

- 文章構成は、筆者の主張が初めの段落と最後の段落にある双括型。
- 「『固有種が教えてくれること』とはどんなことか?」と題名が、読みの課題になる。
- 題名から生まれる問いの答えは、⑪段落の「生物の深化や日本列島の成り立ちの生き証人として貴重な存在（＝生物の進化の研究にとても役立つ）」と「日本列島の豊かで多様な自然環境が守られていることの証」であり、筆者の考えの軸となる。
- ⑪段落の筆者の考えの軸が「固有種が住む日本の環境をできる限り残していかなければならない」という主張につながる。
- ⑦〜⑩段落は、筆者の主張に繋がるための根拠となる理由である。主張を強調するための根拠として客観的証拠（資料）を結びつけるという効果に気づかせたい。

※光村図書では2学期までに『見立てる』『言葉の意味が分かること』『固有種が教えてくれること』の3つの双括型の教材を扱う。双括型の論の展開として大切になるのは、筆者の主張に根拠を持たせるためにある「中」の部分である。「中」がどのように展開されるのかを読み取る過程で「思考のズレ」が生じ、「問題解決学習」に繋がる。

2 系統を踏まえた授業

　中学年までに要点・要約を学んできている児童が、第五学年において初めて「要旨」を学ぶことになる。「要旨＝筆者の主張」という原理原則を教え、筆者の主張が最初①段落と最後⑪⑫段落でくり返されていることに気づけば文章構成が双括型であることが見抜ける。主張の段落の中にある「抽象」を表す文から、筆者の主張に繋がる言葉を抜き出し、その言葉を使って要旨をまとめればよい。

　要旨をまとめる力を系統的につけさせるために、1学期の『見立てる』では、基本的な文章構成や「要旨」についての原理原則を学ぶ。『言葉の意味が分かること』では、筆者の主張と事例とのつながりを学ぶ。①と⑪⑫段落を比較しながら主張したい文を整理し、その中で「抽象」化された主張に繋がる言葉を抜き出し、要旨をまとめることができる。

　『言葉の意味が分かること』は事例の挙げ方にも特徴がある。②段落に問いの文があり、コップの例が挙げられ、④段落では問いの文の答えとして「他の似たものを指す言葉との関係」で言葉の意味の広がりが決まると述べている。その具体例としてⒶ言葉の意味の範囲を広げすぎた「かむとふむ」の例とⒷ言葉によって言葉の範囲の広がりが異なる「食べるとeat」、世界中の言語の例が挙げられている。そして主張へと繋がるという論の展開がされている。中の事例の分け方として「小さな子どもに言葉を教える例（コップ・「ふむ」と「かむ」）」と「母語ではない言語を学ぶとき（食べるとeat）」と分けるか、「意味に広がりがある例（コップ）」と「言葉の意味の範囲が違う例（「ふむ」と「かむ」・世界中の言語のちがい）」と分けるかで思考のズレが生じる。それぞれが筆者の主張の何を補うための例なのかを読みとらせていきたい。

　2学期の『固有種が教えてくれること』では、②と⑪段落を比較しながら、主張に繋がる言葉を抜き出し、筆者の文末表現にも気を付けて、題名の意味を考えながら読めば、要旨をまとめることができる。『言葉の意味が分かること』の論の展開を踏まえて構成を読み取らせることで、主張に根拠を持たせるために「中」で説明がされていることが読み取れる。そこにグラフ・図を補うことで、視覚にも訴え、説得力を増している。このように事例を図やグラフで補うことで、筆者の主張との繋がりを強調しているところが本教材の特徴である。具体的には「日本には固有種が多い」という事実と理由を裏付ける資料1・2があり、「なぜ日本で生き続けられたのか」という理由を補うために資料3・4があり、「現状の問題」を強調するために資料5があり、主張となる「固有種の保護はその生息環境の保護とバランスが重要」の根拠として資料6と7が上下で比較できるようになっている。本文のみを配布して、どんな資料があるとわかりやすいかを児童に考えさせると、図やグラフの効果がわかり、自ら資料を用いて文章を書く活動に繋がる思考を育むことができる。

3 系統表について

知識及び技能 「用語」「方法」「原理・原則」	思考力・判断力・表現力等 問題解決の過程	
【文章構成】双括型 【事例の挙げ方】何の例かを明確にする。 【要旨】⑥段落の中で筆者の主張につながる言葉を抜き出し、再構成する。	課題　本文をどのように三つに分ける？ ・何のために「あやとり」の例があるの？（主張とのつながりを考える。） ・筆者の主張の段落から大事な言葉を抜き出し、要旨をまとめよう。 ◇文章構成の基本を知り、双括型である理由を確認し、筆者の主張がどこにあるかを読み取ることができる。	
【文章構成】双括型 【事例の挙げ方】何の例かを考えることで筆者の主張を読みとる。 【題名】読みの課題がつくることで筆者の主張につながる。題名から問いをつくることで筆者の主張につながる。 【要旨】『見立てる』より文章量が増えているが、同様の方法（技能）でまとめられる。	課題　「中」を二つに分ける時、どのように分ける？ ・題名「言葉の意味が分かること」とはどういうこと？（問いの文と答えを確認。） ・どんな例が何の為に挙げられているの？ ・筆者の主張の中で「具体」ではなく「抽象」を表す文から筆者の主張に繋がる言葉を抜き出し、要旨をまとめよう。 ◇筆者の主張がどこに書かれているかわかり、主張に繋がる言葉を抜き出し、要旨をまとめることができる。	⑫さらに、言葉の意味を「面」として考えることはふだん使っている言葉や、ものの見方を見直すことにもつながる。
【文章構成】双括型 【事例の挙げ方】筆者の主張を支える例であることを読み取り、図やグラフの効果も考える。 【題名】題名から読みの課題・筆者の主張につながる。 【要旨】筆者の文末表現から読み取れることも考えながら、まとめる。	課題　「中」を大きく二つに分けるなら、どのように分ける？ ・題名『固有種が教えてくれること』は何？（「進化の研究に役立つ貴重な存在」・「日本列島の豊かで多様な自然環境が守られていることの証」＝筆者の主張に繋がる。） ・図や資料は、本文のどの文を強調したいの？ ・どんな効果を読み手に与えているの？（説得力の強化） ・筆者の要旨をまとめよう。 ◇筆者の主張が最初と最後にある双括型であり、筆者の主張に繋がる言葉を抜き出し、題名の指す意味や筆者の文末表現に着目して要旨をまとめることができる。	【筆者の考え】 ⑪わたしたちは、固有種がすむ日本の環境をできる限り残していかなければならない。それが日本にくらすわたしたちの責任ではないだろうか。

教材名	構成
見立てる	【筆者の考え】①「見立てる」の定義 ①たがいに関係のない二つを結び付けるとき、そこには想像力が働いている。 ↕ 【例】②あやとり ③名前に地域差 ④地域差の例 ⑤世界各地の例 ↕ 【筆者の考え】 ⑥見立てるという行為は、想像力に支えられていて、その想像力を育んでくれた自然や生活と深く関わっている。
言葉の意味が分かること	【筆者の考え】①言葉の意味には広がりがある。このことを知っておくことは言葉を学ぶときに役立ち、ふだん使っている言葉やものの見方を見直すことにもつながる。 ↕ 【問】②言葉の意味に広がりがあるとは？ 【答】←例③コップ ④他の似たものを指す言葉との関係で決まる ⑤言葉の意味の範囲を広げて ⑥ふむとかむ ⑦使いすぎた例 具体例A ⑧英語 ⑨（食べるとcat） 具体例B ⑩世界中の言語 言語によって異なる意味の範囲の例 【筆者の考え】 ⑪言葉の意味には広がりがあり、言葉を適切に使うためには、その範囲を理解する必要がある。言葉を学んでいくときには言葉の意味を「面」として理解することが大切になる。
固有種が教えてくれること	①固有種の定義 【筆者の考え】②わたしは、固有種たちがすむ日本の環境を、できるだけ残していきたいと考えている。 → ［固有種のこと］ ③日本には固有種が多い ＝イギリスとの比較……資料1 ④固有種が多い理由 ⑤⑥日本列島の成り立ちに関係……資料2 ［固有種と環境］ ⑦生き続けられた理由 ＝気候的、地形的な理由…資料3・4 ★豊かな環境が保全される必要がある ⑧現状の問題 ＝人間の活動により減っている……資料5 ⑨対策　保護　例ニホンカモシカ ⑩害獣として駆除 ← ⑪固有種の保護はその生息環境の保護とのバランスが重要 ★固有種が教えてくれること ・生物の進化や日本列島の成り立ちの生き証人 ・日本列島の豊かで多様な自然環境が守られていることの証

5年 物語の系統指導
中心人物の変容と、そのきっかけをとらえる

群馬県高崎市立豊岡小学校　佐藤多佳子

1　教材の特徴

（1）「いつか、大切なところ」（教育出版5年上）の特徴

- 三部構成を捉えることで、中心人物の変容とそのきっかけを読むことができる。始めは、転校する前の学校の友達とに久しぶりに会いに行くことを心から楽しみにしていた亮太だが、時間の経過と共に少しずつ変化していることに気付き始め独りぼっちになった気持ちになる。しかし、新しい学校の友達との出会いを通して今の学校への期待をもつことができる。中心人物、亮太にとっての「大切なところ」が変容することと、そのきっかけが読めるのである。

- 情景描写を教えることに適している教材である。前の学校へ向かう電車の音と、帰りの音は、同じだが、その「タタン、タタン、タタン」のリズムに、中心人物の心情の変化が表れている。対比させて描かれているため子どもたちにも理解しやすい。その他にも亮太の心情を風景と重ねて描いている描写が多い。

- 亮太にとっての「大切なところ」が、物語の最初と最後で変わる。最初は、「前の学校」「前の町」だ。しかし、最後には、「前の学校も前の町も大好き」であることに変わりがないが、「いつか、新しい学校を自分の学校、この町を自分の町と迷わずに言える日が来るかもしれない」と前向きに変容する。中心人物の変容と題名を関連付けて考えさせることで、主題を捉えることができる。

（2）「大造じいさんとがん」（教育出版5年下）の特徴

- 大造じいさんと残雪の戦いは3つ書かれている。それぞれの作戦の内容と、大造じいさんの意気込みや失敗後の悔しさを読むことは、中心人物の気持ちの変化をつかむ上で大切となる。

- 美しい情景描写に大造じいさんの心情が表現されている。大造じいさんの心情の変化を捉えるためには、情景描写をしっかり読んでいくことが大切になる。

- 中心人物の心情が大きく変わるところを捉えさせる上で、この作品では「が、何と思ったか、じゅうを下ろしてしまいました」「大造じいさんは強く心を打たれて、ただの鳥に対しているような気がしませんでした。」に大きく考えが分かれる。「クライマックス」には、「視点が急に変わった後にくることも多い」という原理原則を知ることで、大造じいさんがなぜ変容したのかということを読むことができる。

2　系統を踏まえた授業

　物語では、「中心人物の変容を読む」ことが重要になる。ここで取り上げた「いつか、大切なところ」、「大造じいさんとがん」も例外ではない。そして、この二教材に共通していることは、情景描写に中心人物の心情が重ねられているということである。「いつか、大切なところ」で習得した読みの知識及び技能が、次の物語教材「大造じいさんとがん」を読む上で、考える手段の一つとなることであろう。

　「いつか、大切なところ」では、「中心人物の亮太にとって大切なところはどこか」と問いかけることで、「前の学校と町」「今の学校と町」というズレが生ずると考えられる。そのズレを解決するという見通しをもって、物語を読み進めていく。子どもからは、「最初と最後で、亮太の大切なところは変わる」という考えが出されることが予想される。そこで、「物語を３つに分ける」という活動の必然性が生まれる。３つに分ける中で、亮太の心情に着目していくが、電車の音や情景が重なることもあり、「情景描写」を理解させるために適している教材と言える。また、「中」の「事件や山場」を読んでいく際に、変容のきっかけをつかむことができる。

　最後、題名「いつか、大切なところ」の意味を考えさせることで、この物語の主題につなげることができると考える。

　「大造じいさんとがん」では、「いつか、大切なところ」で情景描写を学んでいることを踏まえ、「残雪に対する大造じいさんの心が変化したことは、どんなところで分かるだろう。」という問いかけの中に、「らんまんとさいたスモモの花が、その羽にふれて、雪のように清らかに、はらはらと散りました。」という情景描写が出てくることも期待できる。出てこなかったとしても、この文の検討をする中で情景描写について振り返り、「大造じいさんとがん」を読み進める中で、「情景描写」に着目するという観点が生まれるであろう。

　ところで、この物語には、「大造じいさんの３つの作戦」が書かれていて、それぞれの作戦における大造じいさんの意気込みが次第に高まっていくという展開になっている。その意気込みの強さが、

　「秋の日が、美しくかがやいていました。」
　「あかつきの光が、小屋の中にすがすがしく流れ込んできました。」
　「東の空が真っ赤に燃えて、朝が来ました。」

と、情景描写で描かれている。このことに着目させる上でも、「３つの作戦」という「事件」を丁寧に扱っていきたい物である。

　このように、意気込みが高まってきているが故に、はやぶさと戦う残雪を見て、じゅうを下ろしてしまうことへの意外性に気付かせたい。そして、クライマックスを捉えることで、残雪への思いが、「いまいましい」存在から「がんの英雄、えらぶつ」と変わり、大造じいさんの変容を読ませることができるのである。

3　系統表について

知識及び技能 「用語」「方法」「原理・原則」	思考力・判断 問題解決
【三部構成】始めは、転校する前の学校の友達に久しぶりに会いに行くことを心から楽しみにしていた亮太だが、帰りの音と共に少しずつ変化していることに気付き始め独りぼっちになった気持ちになる。しかし、新しい学校の友達との出会いを通して今の学校への期待をもつことができる。亮太にとっての「大切なところ」が変化していくこと、そのきっかけを捉えるために、三つに分けることは大切な取組となる。 【情景描写】前の学校へ向かう電車の音と、帰りの音は、同じだが、その「タタン、タタン、タタン」のリズムの変化に、中心人物の心情が表れている。対比させて描かれているため子どもたちにも理解しやすい。その他にも亮太の心情を風景と重ねて描いている描写が多く、「情景描写」を教えることに適している教材である。 【題名】亮太にとっての「大切なところ」が、物語の最初と最後で変わる。最初は、「前の学校」「前の町」だ。しかし、最後には、「前の学校も前の町も大好き」であることに変わりがないが、「いつか、新しい学校を自分の学校、この町を自分の町と迷わずに言える日が来るかもしれない」と前向きに変容する。中心人物の変容と題名を関連付けて考えさせることで、主題を捉えることができる。	・物語の最後で、亮太にとって「大切なところ」はどこですか。 ・題名「いつか、大切なところ」は、何を表していますか。 ◇中心人物の変容を読むために、題名に着目した課題を設定する。
【三部構成・中心人物の変容】「はじめ～いまいましく思っていた。」までに物語の設定が書かれている。「そこで～ただの鳥に対しているような気がしなかった」では、事件と山場が書かれている。「最後」には大造じいさんの変容が書かれている。三部構成を確認することで、中心人物の変容を読むことができる。 【事件】大造じいさんと残雪の戦いは３つ書かれている。それぞれの作戦の内容と、大造じいさんの意気込みや失敗後の悔しさを読むことは、中心人物の気持ちの変化をつかむ上で大切となる。 【情景描写】この作品の特徴の一つとして、情景描写の美しさが挙げられるが、この情景描写に大造じいさんの心情が表現されている。大造じいさんの心情を読んでいくためには、情景描写をしっかりととらえて読んでいくことが大切になる。 【クライマックス・視点の転換】中心人物の心情が大きく変わるところを捉えさせる上で、この作品では「が、何と思ったか、じゅうを下ろしてしまいました」「大造じいさんは強く心を打たれて、ただの鳥に対しているような気がしませんでした。」に大きく考えが分かれる。「クライマックス」には、「視点が急に変わった後にくることも多い」という原理原則を知ることで、大造じいさんがなぜ変容したのかということを読むことができる。	・それぞれの作戦に挑む大造じいさんの気持ちが分かるところを探そう。（情景描写に着目する） ・大造じいさんの気持ちが大きく変化したところ（クライマックス）はどこでしょうか。 ・物語を一文で書いてみよう。 ◇中心人物の心情の変化を読むことが中心となるこの教材において、もう一つの特徴である豊かな「情景描写」に着目させ、変容のきっかけを捉える。

教材名	構成	力・表現力等の過程
いつか、大切なところ	自分の町は、今でも前の小学校がある町だと思っている亮太 かつて仲良しだった3人組の他に、森田君がいることへの違和感を抱き、自分の居場所はなくなったと感じ、独りぼっちになった気持ちになる亮太。 新しい学校の女の子との出会いを通して新たな気付きを得て、これからへの期待をもつことができた亮太。 いつか新しい学校を自分の学校、この町を自分の町だと迷わず言う日が来るかもしれないと思う亮太	課題 亮太にとって「大切なところ」はどこですか。 ・物語を3つに分けてみよう。 ・最初の亮太にとって「大切なところ」はどこですか。 ・亮太の心情が変わっていくのはどうしてですか。 ・電車の音は何を表していますか。 ・改札を出た後、亮太の心情を変えたきっかけは何ですか。
大造じいさんとがん	残雪のことをいまいましく思っている大造じいさん たにしをばらまくうなぎばりの作戦に失敗する大造じいさん ○はやぶさと戦う残雪の目に仲間のすがたがあるだけであることを見て、じゅうを下ろしてしまう大造じいさん ○おとりのがんを使う作戦 たにしをばらまく作戦に失敗する大造じいさん ○第二のおそろしい敵を正面からにらみつける残雪を見て、強く心を打たれる大造じいさん。 残雪のことを「がんの英ゆう」「えらぶつ」と認め、堂々と戦うことを誓う大造じいさん。	課題 残雪に対する大造じいさんの心が変化したことだろう。 ・大造じいさんの心情が変化したことは、どんなところで分かるだろう。 ・物語を3つに分けてみよう。 ・どうして変わったのだろうか。中を見て詳しく読もう。 ・大造じいさんの作戦はいくつ？ どんな作戦？

6年 説明文の系統指導
筆者の考えをとらえ、自分の考えと比べて書く

相模女子大学小学部　藤平剛士

1　教材の特徴

（1）「時計の時間と心の時間」（光村図書6年）
・筆者の主張をとらえ、自分の経験や思いと重ねながら読み、自分の考えをもつ

　6年生はじめの説明文教材となる「時計の時間と心の時間」は、筆者の考えが述べられた上で、事例や実験を通しながら、その考えを読者に投げかける論の展開で説明している。また、筆者の主張や事例に対して、自分の感じ方や考え方と比べながら読みたい教材である。そして、読み手自身の考えたことを交流することもねらいである。

（2）「『鳥獣戯画』を読む」（光村図書6年）
・さまざまな「ものの見方」があることを読み、自分の「ものの見方」や考え方をもつ

　本教材『鳥獣戯画』を読むは、絵巻物『鳥獣戯画』を筆者の解釈で紹介しながら関心を促し、「人類の宝」として貴重な作品であることを説明している文章となっている。この教材の一番の特徴は、「自分のものの見方」の文章表現と主張への構成というところである。筆者の考えや主張を読み取ることは、今までも様々な教材で学習してきている。しかし、科学的事象を根拠にした主張などとは違い、「ものの見方」は、一人ひとりの感性に委ねられるところが大きい。そこで、まず、筆者の「ものの見方」を読み取り、その上で、書かれていることを受動的に読み取るだけではなく、共感できるところと、そうではないところといった自分の考えを広げたり深めたりすることを学習のねらいとしたい。

（3）「自然に学ぶ暮らし」（光村図書6年）
・筆者の考えと比べながら自分の考えを明確にする

　小学校最後の説明文教材となる「自然に学ぶ暮らし」は、自然の仕組みと私たちの生活への活用の仕方を紹介しながら、筆者の主張について考えさせる文章となっている。難解な語句も比較的少なく、子ども達が一読することで、大体の内容を理解できるような文章構成になっている。そこで、小学校のまとめ学習として、自分の力で筆者の考えをとらえ、自分の考えを述べていく活動につなげていきたい。そのためには、説明文の読解とともに、自分の今までの知識や経験と比べながら考えることを指導したい。説明文の読解については、今までの読み取り方を活用して、筆者の要旨「新しい暮らし方」を読み取り、要旨文に書く。その上で、自分の考えとの共通点や相違点、また、説明の納得度も含めた意見文を書く学習に展開していきたい。

2　系統を踏まえた授業

　6年生の説明文では、「筆者の考えと比べながら自分の考えをもつ」ことが、指導目標となっている。つまり、筆者の主張を説明文から読み取るだけではなく、その考えに対して、「自分はどう思うのか？」という自分の考えをもって読むことが求められている。そこで、次のような学習指導の系統化を図りたい。

○「納得度」のズレから考える

　高学年では、より主体的な学習姿勢を望みたい。そこで、説明文の読み取りでは、子どもたちに、「この説明文は、納得できたか？」を問う。初読での、この問いには、納得できたか、それとも、できなかったか、というズレが生まれる。しかし、最も大切にしたいことは、説明文のどの部分に納得できたのか？できなかったのか？を読み解くことである。子ども達が、感覚的に読み取って納得度の理由ととらえていた本文中の「具体例」や「説明の順序」、「主張」などを、読み取りの授業を通して検証していくことが、「読みの目的」となる。

　これにより、説明文の授業で多く目にする「①形式段落→②意味段落→③文章構成→④主張の確認→⑤自分の考えの意見交換」という授業の型から、思考のズレを解決するために本文を読解していく、主体的な読みになると考えている。

○自分の考えを明確にする

　高学年では、「要旨文」を書く活動を、説明文学習の柱として系統的に取り組ませたい。筆者の主張を正しく「要旨文」にまとめることは、説明文の中の具体と抽象を読み取ることになり、事例や検証といったものが、どのように筆者の考えの裏付けとなっているのかを読み取ることになる。各段落の要点を読み取り、要約していくなかで、主張を明確にとらえることが大切になる。そして、自分の考えをもち、「意見文」を書く学習にむけては、筆者の考えのどんなところに納得し共感したのか、どこがわかりやすかったのかを明らかにしていくことが大切である。逆に、わかりにくかったことを明確にすることで、納得できなかった自分の考えを明らかにしていくこともできると考えている。

【基本の授業プラン】

① 自力で読む
- 「納得」できたか？
  - 自力で読み取る
  - 思考のズレを確認
  - どこに納得したのか？
  - 「読みの目的」確認

② 自分の考えを比べながら読む
- 筆者の「主張」と自分の考えを比べて読む
  - 「要旨文」を書く
  - 題名
  - 意味段落
  - 要点
  - 事例、実験
  - 段落構成
  - 説明の説得力
  - 筆者の主張
  - 考えの比較

③ 考えを見える化
- 「意見文」を書く
  - 納得度
  - 自分の考え
  - 友だちと比較
  - 意見交換

3 系統表について

知識及び技能 「用語」「方法」「原理・原則」	思考力・判断力・表現力等 問題解決の過程
【題名】（比較提示型）…時間には二種類ある。違いは何か？二つの言葉を並べることで題名そのものが、話題提示となり、比較検討する内容の説明文であることを促している。 【要旨】（要点の捉えを中心に）…二つの言葉を比較することで、主張を明確にする論の展開なので、各段落の要点をとらえることが大切になる。その上で、要旨をまとめ、自分の考えをもたせたい。	課題　筆者の主張に賛成ですか？　反対ですか？　また、それは、なぜですか？ ・筆者に、賛成ですか？反対ですか？ ・筆者の主張を読み取り、要旨文を書いてみよう。 ・「時計の時間」とは、何だろう？ ・「心の時間」とは何だろう？ ・自分の体験（実験）を通して、筆者の主張に対する自分の考えをまとめて、意見交換をしてみよう。 ◇筆者の主張をとらえ、自分の経験や思いと重ねながら読み、自分の考えをもつ。
【題名】（意外主張型）…『鳥獣戯画』という絵は、観るものなのはずなのが、「よむ」ともどういうことか？という意外性から、読者の興味関心を誘う。 【要旨】…筆者が述べようとしている考えが、前半から後半へと広くなっているも述べようとしている考えをとらえた上で、自分の意見を文章に書かせたい。また、説得力や納得度に対する意見交流をすることで、論の展開の効果にも気づかせたい。	課題　自分で「鑑賞文」を書くことで、筆者のすぐれたものの見方や書き方をみつけよう。 ・「この絵、私はこう見る」鑑賞文に挑戦。 ・鑑賞文に適した文末表現や読者をひきつける文章の工夫をみつけよう。 ・『鳥獣戯画』を読む。 ・要約文を書く際に、ポイントになる言葉や文章をみつけて、段落ごとにまとめよう。 ・子どもたち同士、鑑賞文を読み合う。 ◇さまざまな「ものの見方」があることを読み、自分の「ものの見方」や考え方をもつ。
【題名】（願い主張型）…説明文の題名に多い型である主張型の題名。助詞「から」ではなく、「に」であることで、主張の要素が強調されている。 【要旨】…論の展開が、筆者が述べようとする考えを文章表現で伝えるときの説得力に大きく効果があることも読み取る。そのため、小学校最後の説明文である本教材では、自力で「要旨」をまとめさせることにチャレンジしたい。また、意見文として、自分の考えを文章表現させたい。	課題　説明文「自然に学ぶ暮らし」は、あなたにとって、説得力のある説明文でしたか？ ・要旨文を書いてみよう。 ・段落ごとの要点を読み取り、構成をまとめよう。 ・文章構成や事例の取り上げ方から、説得力のある文章の書き方を考えよう。 ・主張に対して、意見文を書いてみよう。 ⇩主張に対しての意見、文章構成への意見、説得力のある文章の書き方への意見などを書かせたい。 ◇筆者の考えと比べながら、自分の考えを明確にする。

教材名	構成
時計の時間と心の時間	《双括型》 ① 主張　「時計の時間」「心の時間」の「心の時間」に目を向けよう。 ② 定義 ③ 事例1　④ 事例2 ⑤ 事例3　⑥ 事例4 ⑦ まとめ ⑧ 主張　私たちに必要なのは、「心の時間」を頭に入れて「時計の時間」を道具として使うという、「時間」と付き合う知恵である。 （①と⑧は双方向の矢印で結ばれている）
『鳥獣戯画』を読む	《尾括型》 ①② 絵の魅力 ③ 作品の解説1「漫画の祖」 ④ 作品の解説2「アニメの祖」 ⑤⑥ 作品の読み取り1 ⑦ 作品の読み取り2 ⑧ 筆者の主点 ⑨ 主張　人類の宝『鳥獣戯画』 「絵の力を使って物語るのが日本文化の大きな特色」（⑧から⑨へ矢印）
自然に学ぶ暮らし	《尾括型》 ① 問題提起 ② 筆者の提案――自然の仕組みを利用した暮らし方の提案 ③ 次の段落への予告 ④⑤⑥ 事例1　空気調節 ⑦ 事例2　あわの使い方 ⑧ 事例3　エネルギー開発 ⑨ 筆者の考え　自然に学び、新しい暮らしの在り方を考えていくことが、これからの私たちに求められる社会のえがき方である。（②から⑨へ矢印）

6年 物語の系統指導
「視点」と「象徴的な表現」から読む

東京・調布市立深大寺小学校　横山健悟

1　教材の特徴

（1）「カレーライス」（光村図書6年）

　本教材は、小学6年生の「ぼく（ひろし）」の揺れ動く心の様子とその成長が一人称で語られることで、心の葛藤や相手を思いやる気持ちが効果的に描かれている。**「語り手と視点」**を意識して読み進め、その役割と表現の効果について学習することができる。

　中心人物である「ぼく」の心情の変化のきっかけは、対人物である「お父さん」「お母さん」の言動によってもたらされ、「ぼく」と「お父さん」の関係は、「カレーライス」作りを通して関係を結び直していく。「甘口」「中辛」「ぴりっとからくて、でも、ほんのりあまかった」等の**「象徴的な表現」**にどんな意味が込められているのか、どのように捉えることができるのかを考えさせることによって、作品が伝えていることをより深めて読むことができる。

（2）「やまなし」（光村図書6年）

　本教材は、「小さな谷川の底を写した、二枚の青い幻灯です」と幻灯を映す**一人称の語り手**が登場する。しかし、「五月」「十二月」では一人称の語り手は姿を消し、三人称の視点へと変わり、2つの世界に登場する、かにの兄弟の視点に寄り添って語られる。幻灯を映す語り手を意識しながら、かにの兄弟の視点から見るという二重の視点が求められる。

　読みの中心となるのは、「五月」と「十二月」で表された二枚の幻灯の対比である。五月のカワセミに殺されてしまう「奪われる命」に対して、十二月では芳醇なやまなしが「全うした命」として描かれる。この二枚の幻灯を通して、作者が**象徴**として伝えたかったのは、題名にも表されている十二月の「やまなし」である。二つの幻灯と題名とを重ね合わせて読むことで、主題について考えることができる作品である。

2　系統を踏まえた授業

　高学年（6年生）の文学の読みでは、作品に「何が書かれているか」という内容面だけでなく、「どのように描かれているか」という表現面にも着目して読み、読み手に与える効果について自分の考えを明らかにしていくことが大切となる。また、直接的に描写されない象徴性や暗示性の高い表現に着目し、作品に隠された意味や仕掛けを発見し、主題をとらえる読みの力を育てていく。

第６学年の文学の３教材（光村図書）を指導するにあたり、特に着目したいのは、「**象徴的な表現**」と「**視点**」である。「視点」から物語をとらえ、「象徴的な表現」に着目して、物語の主題をとらえる読みは、「カレーライス」の後に学習する「やまなし」「海の命」にも活かされていく。以下、第１教材「カレーライス」をもとに授業プランを提案する。

（１）一人称視点の効果を考える

　教材「カレーライス」は、地の文が一人称「ぼく（ひろし）」の視点で描かれているため、読み手は、「ぼく」の心情を直接的にとらえることができる。一方で、一人称で描かれているということは、「お父さん」側の立場や心情はとらえづらく、全てが「ぼく」のフィルターを通して、出来事がとらえられ、語られている。

　子供自身が、一人称視点で描かれていることに気付き、その効果を感じる過程の中で、子供たちに「一人称視点」という言葉に出合わせていく授業を目指したい。

　授業の冒頭、「ぼくとお父さんでは、どちらが悪いの？」と子供に投げかける。「ぼく」が同じ年頃の少年であるということで、子供たちは、「ぼく」に自分を重ね、「ぼく」側に沿った意見を心内語等の叙述に即して、饒舌に述べるだろう。そこで、「ひろしの言い分も気持ちも十分、分かったけど、お父さんの気持ちはどうなの？お父さんの心情はどこに書いてありますか？」と問い返す。すると、子どもたちは、お父さんの心情が直接描かれていないことと、全て「ぼく」の視点で書かれていることに初めて気付く。この場面で「一人称視点」という用語を教え、子供自身が感じたことから、その効果についてまとめていく。

（２）象徴的な表現を意味付けて読む

　物語全体を通して、中心人物がこだわり、繰り返されているのは、お父さんに「ぼくの成長を気付いてほしい」という「ぼく」の思いである。この思いは、「特製カレー」の味として表現されている。カレーの「甘口」と「中辛」には、どんな意味が込められているのかを考え、それを意味付けていくことで、物語の主題にせまっていきたい。

　１日目のお父さんが作った「特製カレー」は、あまったるくてしかたがない。２日目のゆうべの残りの「特製カレー」も、あまったるさは変わらない。３日目のお父さんと二人で作った「特製カレー」は、「ぴりっとからくて、でも、ほんのりあまかった」とある。特製カレーの味に着目させ、その味には、どんな意味が込められているかを考える必然性をつくる課題として、子供たちに「特製カレーは、あまいの？からいの？どっちなの？」と問いかける。

　子供たちは、「ぴりっとからくもあり、でも、ほんのりあまい」という最後の一文の矛盾した表現から、カレーの味に込められた「ぼく」の思いを意味付け、題名「カレーライス」と関連付けながら、物語の主題をとらえていく。

3 系統表について

知識及び技能 「用語」「方法」「原理・原則」	思考力・判断力・表現力等 問題解決の過程	
【視点】小学6年生の「ぼく(ひろし)」の揺れ動く心の様子とその成長が一人称で語られており、心の葛藤や相手を思いやる気持ちが直接的に描かれている。 【主題】作品全体にわたって、繰り返し出てくる中心人物のぼくの「お父さんに自分の成長に気付いてもらいたい」というこだわりの表現に着目する。それは、「特製カレー」「甘口」「中辛」等の象徴的に表現されており、ぼくの心情の変化と関係付けることで、捉えることができる。 【象徴】気持ちのすれ違った「ぼく」とお父さんは、「カレーライス」作りを通して関係を結び直していく。題名が何を表しているのか、カレーの「甘口」と「中辛」には、どんな意味が込められているのかを考えることで、象徴的な表現を意味付けることができる。	・「ぼく」とお父さんは、どちらが意地を張るようになったきっかけを把握し「ぼく」の内面の描写に着目させる。 ・どこから「ぼく」の心情がわかりますか。 →「ぼく」の心情に対して、「お父さん」の心情はどこからわかりますか。 →「ぼく」の心情に対して、お父さんの心情が直接書かれていないことに気付かせ、「一人称」の効果について考える。 ・「特製カレー」は、あまいの？ からいの？ どちらですか。 →カレーの甘さや辛さにはどんな意味が込められているかを考える。 ◇一人称で語られていることに気付かせ、その効果を考える。象徴的な表現を中心人物の心情の変化と関係付け、意味付けて読む。	課題 題名「カレーライス」は、何を表しているのか。
【視点】冒頭と結末の一文は「作者・宮沢賢治」の視点(三人称)で描かれている。文中の二枚の幻灯は「かにの子どもら」の視点(一人称)で書かれ、額縁構造になっている。冒頭の一文と結末の一文の中に、二つの世界を図解させる活動を行い、視覚的に額縁をとらえ、対比的に描かれていることに気付かせる。 【額縁構造】冒頭の一文と結末の一文の中に、二つの世界を図解させる活動を行い、視覚的に額縁をとらえ、対比的に描かれていることに気付かせる。 【象徴】五月の「うばわれる命」と十二月の「生き抜いた命」が、二つの幻灯で起こる出来事・ものを通して象徴的に表現されている。題名「やまなし」に込めた賢治の思いを、五月と十二月の世界を対比することでとらえられる。	・「二枚の青い幻灯」とは、何のことですか。 ・かにの兄弟は、どこからどこを見ていますか。 ・五月と十二月には何が描かれていますか。 (「五月」と「十二月」の内容を図にまとめる) ・賢治が、より見せたかったのは、どちらの幻灯ですか？ ・どうして、題名が「やまなし」なのでしょうか。 ◇語り手の視点を考えて、中心人物と出来事をとらえ、象徴的な表現を意味付け、関係付けることによって、作品のテーマを読む。	課題 二枚の幻灯から、賢治は何を伝えようとしたか。

教材名	構成
カレーライス	お父さんウィーク前日　ぼくが意地を張るきっかけ （はじめの「ぼく」）の成長に気付いてほしい。 [一日目の夕食] 特製カレー（お父さんが作った）あまったるくてしかたない。 [二日目の夕食] 特製カレー（ゆうべの残り）あまったるさは変わらない。一晩おいてもおいしくない。三年生までおいしかったのに。 [三日目の夕方] 熱を出したお父さんに、「何か作るよ。ぼく、作れるから。」 [三日目の夕食] 特製カレー（二人で作った）「中辛」のカレー。ぴりっとからくて、でも、ほんのりあまかった。 お父さん「ひろしも『中辛』なのかあ、そうかそうか。」 （終わりの「ぼく」）お父さんが自分の成長に気付き、うれしくなる。
やまなし	小さな谷川の底を写した、二枚の青い幻灯です。 一　五月　自然の厳しさ、怖さのある世界 そのときです。二ひきのかにの子どもらが、魚が「かわせみ」に殺されたことを知り、怖い思いをする。　かわせみ 二　十二月　自然のやさしさ、恵みを知る世界 そのとき、トブン。　やまなし 二ひきのかにの子どもらが、「やまなし」の熟した香りに喜び、幸せを感じる。 私の幻灯は、これでおしまいであります。

コラム 1

「書く」ことに抵抗感をもたせないように

神奈川・相模原市立大野小学校　安田　智

　書くことに抵抗感をもっている子どもが多いと感じませんか。いざ書こうとしても「何を書いたらいいかわからない。」「どうやって書いたらいいかわからない。」などと書こうにもなかなか進まないことがあると思います。子どもに、いきなり「書きなさい」と言っても、子どもは書けません。そこで、書くための「常時活動」と、書かなければならない時に「書く方法」を紹介します。

◆常時活動

　以前、白石先生から日記の指導法や提出方法について教えていただいたことがありました。日記は、1週間に1度提出する。内容は、出来事を1つ。こうすることによって、子どもにとっては、「1週間に1回なら、大変じゃない。しかも、出来事1つなら難しくない。」と感じ、丁寧に書くようになっていきます。

　次に、新出漢字で作文を書かせる活動です。いきなり、新出漢字で作文を書くのが難しい場合は、教科書の単元と単元の間にある既習漢字が絵と共に書いてあるページを使います。創作作文なので、自分が好きなように書けるし、漢字はその都度出す漢字と数を決めてあるので、友だち同士で楽しみながら読み合うような楽しい活動になります。子どもからは、「この漢字を使って、こんなお話になるんだ。」なんて声も聞こえてきました。

　白石先生に教えていただいた常時活動をすることによって、書くことの楽しさや書きたいことへの思いが抵抗感を減らしていくことができました。

◆書く方法

　子どもに、書きたいことを思いっきり書かせてあげることだと考えます。しかし、いきなり原稿用紙を渡しても、「何を書いたらいいのか……」「どれくらい書いたらいいのか……」結局迷った挙句「原稿用紙の4分の1程度しか書けなかった。」なんてこともあると思います。こうなると、負のイメージが強く、書くことが嫌いになってしまいます。

　それならば、はじめから少ない文字数にすればいいのです。A4の縦4分の1のサイズの短冊に5行程度の線を書いた紙を渡します。「テーマについて思ったことを好きなだけ書きましょう。ただし、1枚の紙には1つの事だけしか書きません。」とします。すると子どもは、書く文字数が少ないことから何枚も書いていきます。

　次に、書いた短冊の中から自分が必要なものを選び、短冊の順番を入れ替えていきます。必要な短冊の選択をし、順番を入れ替えたら、原稿用紙などに書きはじめます。この時、接続語で繋げるもの、段落で分けるものを考えながら書くようにさせています。

　最後に、読み直し、誤字脱字を直して、でき上がり。この段階では、「思い」が先行しているため、完成度としては7割ぐらいではないでしょうか。添削をして、文のねじれや脈絡などを指導し、再度、清書となります。

　このように、書くためのハードルを低くして抵抗感を感じさせないように書かせます。年度末の学級の文集作りや卒業文集でも子どもたちは生き生きと書いていましたし、比較的時間をかけずに書かせることができました。

コラム
②

体験と言葉をつなぐ

神奈川・横浜市立上瀬谷小学校　山崎真紀子

　「語彙が少なく、表現力がない。」「言葉を知らないので理解することも難しい。」そんな嘆きがよく聞かれます。たしかに、日常生活においても、「すご」「うま」「はや」「やば」そんな2文字で気持ちを表す姿はよく目にします。具合が悪くても怪我をしても、自分の状況をきちんと説明できる子は少ない印象です。
　では、子どもたちは、どんな時に言葉を自分のものとして獲得しているのでしょう。
　以前に、子どもたちと田植えを行ったとき、こんなことを話す子がいました。
「ゲームの中で憂いの沼というのがあって、そこにはまると、ぬかるみに足を取られて抜け出せなくなるんだ。そんなの、えいって力を入れればいいじゃないかと思っていたけど、今日田植えをして、こんなかんじか、これは抜けられないなって思った。」
　なるほど、辞書で調べたり人に聞いたりすることで新しく言葉を知るということはあるけれど、生きた言葉として、あるいは、感覚を伴って使える言葉として自分のものにするには、やはり体験が大切なのだなと実感した出来事でした。
　今は、ICTの活用で調べることも簡単になったように錯覚してしまいがちです。行きついた情報が求めていたものかどうか吟味したり、そこに書かれたことをきちんと理解したりする余裕もなく、新聞やリーフレットにまとめてしまうこともあるのではないでしょうか。
　子どもたちの語彙を豊かにしていくには、言葉を大切にし、体験とつないでいくという意識を指導者である私たちがもっている必要があるように思います。
　一緒に給食を食べながら味について話をしたり、水彩絵の具で色づくりをしながら色を例える言葉を探してみたり、自分の感覚にしっくりとくる言葉を探す機会を意識的に設けていくと、言葉に対する感度が変わってきます。雨の日に雨音を表現する擬音を集めて授業参観で群読にしたこともあります。保護者の方にも参加してもらい、擬音や人数を変えながら小雨、本降り、暴風雨、通り雨など、いろいろな表現を楽しみました。
　現代は、費用対効果であるとか、効率であるとか、多くの人が時間に追われる生活を送っています。子どもたちであっても同じであるように思います。そんな中にあって、2文字の短い言葉は便利で使いやすく、感覚的に示せるからこそ使われるのでしょう。
　しかし、人とのかかわり方や折り合いの付け方の不器用さを見るにつけ、心の中の気持ちはそれほど単純ではなく、きっともっと自分の気持ちや感情にしっくりくる言葉を子どもたちは求めているように思います。
　国語の授業の中で言葉の学習を大切にすることはもちろん、日常の生活場面や行事等の場面でも、体験と言葉をつないでいくということを意識していきたいものです。

コラム ③

いつでもお手軽「ことばカード」

静岡・静岡市立中藁科小学校　木村千鶴子

　子どもたちが、「確か前に習った。」と、既習の用語を思い出したくても、ノートのどこに書いたのかを見つけるのに時間がかかったり、新しいノートに変わっていて見ることができなかったりすることがありました。また、他教科でも活用してほしいのに、手元にノートがないことで、活かすことができていませんでした。国語科で学んだこれらのものを、生きた力として使えるようにするためには、実際に活用させることだと考えました。

　そこで、学んだことをいつでも思いおこし、様々な場面で、子ども自身が選択して使えるように「ことばカード」を作り、国語科でつけた力を、他教科や、特別活動、行事などの場面でも使えるように工夫しました。

　「ことばカード」は、自作の国語科用語集のようなものです。10cm四方の色画用紙を3色用意し、学習の中で出てきた「用語」「方法」「原理・原則」を観点ごとに色分けして書かせます。色は、ピンク→読むこと、水色→書くこと、黄色→話すこと聞くことで分けて、単語カードに使うようなリングにまとめ、いつでも見ることができるように机の横にかけさせています。書きたいことが出てきたら、いつでも自由にカードを持っていって追加して書いてもいいルールにしてあります。

　子どもたちは、少しずつカードが増えていくことで、学習の積み重ねを実感し、「ことばカード」を集めていくことを楽しんでいるようです。また、手軽に持ち運べるので、「ことばカード」を持って、教室移動したり、委員会活動に出かけている子もいます。

　国語科の用語を、単なる言葉として意味理解していたとしても、実際に使うことはできません。私は、日本語を自在に操り、自分の思いや考えを伝え、他者の話に耳を傾けてその話を受けとめながら、更に考えを深めていく子どもを育てたいと、いつも思っています。

　「ことばカード」は、まだまだ改善していく必要があります。わかりやすく整理する方法や、学年を上がってもそのまま学びを継続していけるような系統性をもたせる方法についても、今後、考えていきたいと思っています。

第2章

「考える国語」で深い学びを！実践提案

実践提案①
「思考の観点」を持たせることから深い学びへ

教材名 「世界遺産　白神山地からの提言」（教育出版5年下）　　　沖縄・那覇市立識名小学校　長元　智

1　私の「考える国語」における深い学びとは？

　国語科の学習における「深い学び」を生む学習活動のポイントとして、私は「思考の観点を伴った言葉への自覚化」を挙げたい。

　新学習指導要領においては、各教科の目標の冒頭に「見方・考え方を働かせ」という文言が示された。国語科のそれは「言葉による見方・考え方を働かせ」（下線は筆者）となっており、言葉そのものを学習の対象とする国語科において、育成を目指す資質・能力を身に付けるにあたり必要不可欠なものとなる。また、「言葉による見方・考え方」について新学習指導要領では、「児童が学習の中で、対象と言葉、言葉と言葉との関係を、言葉の意味、働き、使い方等に着目して捉えたり問い直したりして、言葉への自覚を高めることであると考えられる」（下線は筆者）と示されている。日々の学習活動において、児童が言葉を自分のものとして獲得し自覚的にとらえたときこそ「深い学び」が生まれると考える。

		思考の観点	具体的な使い方（例）
1	順序	時間的・事柄の順序で考える	まず、はじめに、次に、最後に 一つ目は〜、一番目に〜
2	類比	共通点に着目して考える	AとBを比べて共通しているところは〜 AとBを比べて似ているところは〜
3	対比	相違点に着目して考える	AとBを比べて違う点は〜 AとBを比べて異なるところは〜
4	関係	関係付けて考える	AとBの関係は〜 Aが○○するとBが〜に変わる
5	分類	種類（仲間）に分けて考える	いくつかの種類（仲間）に分けると〜 種類は○つあります。ですので〜
6	因果	原因と結果で考える	原因は○○なので結果〜なる ○○になった原因を考えると〜
7	仮定	仮にそう考える	もし○○だとしたら〜になる 仮に○○と考えたら〜
8	類推	予想と理由で考える	多分○○になります。なぜなら〜 ○○と考えた理由は〜
		似ていることをもとにして考える	○○から考えると〜になることも考えられる
9	視点	見方を変えて考える	○○から考えると〜ですが□□から考えると〜
10	置換	置きかえて考える	言いかえると〜、簡単に言うと〜 分かりやすく言うと〜

※網掛け部分は児童には提示していない

そこで、言葉による見方・考え方を働かせ、言葉への自覚を高めるための手立ての一つとして左記に示した「思考の観点」を挙げたい。新学習指導要領では、「知識及び技能」の内容「（1）言葉の特徴や使い方に関する事項」において「語彙」の指導事項が新設され、高学年では「思考に関わる語句」について指導内容が示されている。また、「（2）情報の扱い方に関する事項」では、低学年において「共通」「相違」「事柄の順序」、中学年において「比較」「分類」、高学年において「原因と結果」「関係付け」等の思考に関する内容が示された。

　指導過程「考えの形成」において「思考の観点」を持つことは、自分の意見や考えの理由や根拠を明確に持つことへの基盤となり、論理的思考力の育成へとつながるものである。子供自身が自問し、その根拠を導き出すために持っている語彙を最大限に活用して思考活動を行っていく必要性を感じている。白石範孝先生がおっしゃる「知識・技能」としての「用語」「方法」「原理・原則」を糧とするなかで「思考の観点」を明確に持つことこそが、先述した「言葉への自覚化」を育むことの一つであると考える。

2　「考える国語」における深い学びの単元の流れ

（1）教材について

　本教材は「読むこと」と「書くこと」を関連させた単元構成となっており、2つの文章と6つの資料（図・表・グラフ・写真・インタビュー等）を読み、白神山地の自然保護のあり方について意見文にまとめていく活動となっている。

（2）単元計画（10時間）

次	時	学習活動	指導上の留意点
1	1	・教材文を読み、内容の大体をとらえる。 ・単元の学習計画を確認する。	・自然保護のあり方に対する自分の立場を決める。 ・「意見文を書く」という単元のゴールを確認し、学習の見通しを持たせる。
2	2	・「ブナの森が支える豊かな自然」を読み、白神山地の自然の様子についてまとめる。	・自然保護のあり方に対する自分の立場と関係付けながら読ませる。
2	3	・「白神山地の自然保護『緩衝地域』の役割」を読み、白神山地の自然保護のあり方についてまとめる。	・自然保護のあり方に対する自分の立場と関係付けながら読ませる。 ・白神山地の自然保護の方法（核心地域・緩衝地域）とその役割について視点を持たせる。
2	4	・資料1〜6を読み、資料から読み取れることについてまとめる。	・自然保護のあり方に対する自分の立場と関連させながら読ませる。
3	5	・自然保護のあり方に対する自分の立場やその考え・根拠について話し合う。	・自分の選んだ立場に対する考えを明確に持たせるために、根拠となる資料のどの部分を引用したらよいかについて視点を持たせる。
3	6	・意見文の例文を読む。 ・構成メモを書く。	・文章全体の構成をつかむ。 ・自分の立場に対する考えや根拠、引用する言葉や資料との結び付きを考えながら書かせる。
3	7	・文章の構成や表現の効果を考えて意見文を書く。（400字程度）	・自然保護に対する自分の立場と考えやその根拠を「思考の観点」と結び付けて書かせる。 ・引用には「」を用いることを示す。

8	・意見文を読み合い、視点を持って交流する。【交流①】	・「思考の観点」を生かして理由や根拠を書いているか確認しながら読ませる。
9	・文章の構成や表現の効果を考えて推敲・清書する。	・前時で交流したこと（構成・思考の観点の活用）をいかして活動させる。
10	・意見文を読み合い、視点を持って交流する。【交流②】	・構成や思考の観点に着目しながら読ませる。

（3）指導について

　第一次（1時間）では、『世界遺産　白神山地からの提言』を読んで分かったことや疑問に思ったことについて、児童の感想から単元全体の学習課題へとつなげていく。意見文を書き交流するという単元のゴールをしっかりととらえさせ、学習の見通しを持たせたい。

　第二次（3時間）では、2つの文章と6つの資料を丁寧に読み解いていく。自然保護のあり方として示されている「人間を自然に近づけないようにして守る」「人間が自然と関わりながら守る」の2つの考えに対し、自分の立場と関連付けながら読ませたい。そのなかで、意見文を書く際の理由や根拠となる文章や資料へと目を向けさせ、第三次での書く活動へとつなげていく。

　第三次（6時間）では、自然保護のあり方に対する自分の立場について根拠を明確に示しながら意見文を書いていく。意見文を書くためには、自分の考えに対するしっかりとした理由や根拠が大切となってくるが、どのように書かせるかについて「思考の観点」を持たせることを手立てとしている。また、書いた意見文を互いに読み合う交流活動においても「思考の観点」を活用し、自分と友達の意見文の共通点や相違点に着目させ、考えを広げたり深めたりする思考へとつなげていく。

3　「考える国語」における深い学びの実際

（1）思考の観点がどう生かされたか

　「思考の観点」が、実際の意見文にどのような形で現れたかについてみてみたい。

　世界遺産白神山地を守るためには、「人間を自然に近づけないようにして守る」というのが僕の意見です。

　例えば、斉藤さんの文章には「ブナの森では、毎年秋に落ちた葉が地面に厚く積もります。落ち葉が積もった土の中では、たくさんの小さな生物がさかんに動き回りながら、落ち葉をかみくだきます。この結果、小さなすき間が多く作られ、そこに水がたまります。このようなことが、長い年月をかけて続けられ、水は山地全体にたくわえられたのです。」ということから、山は自然だけで成り立っているということがわかります。

　しかし、関わりながら守ることによって、人間と自然が関わりが大事です。

　人間と自然が関わりながら守ることも大事です。その理由は資料③にもある通り、ブナなどの木四本が伐採されたことがあり、森林法違反（無許可伐採）の疑いがあることからもわかります。結果、自然破壊の原因が人間ということになります。そのうえ、資料④にもある通り、暗門の滝をおとずれる観光客が年々増えることでこのような伐採がさらに起こる可能性が高まることから、僕は人間を自然に近づけない方が白神山地を守るためには最ぜんな方法だと考えます。

（児童の意見文から一部抜粋）

傍線部分を見ると、「起こりかねません」「可能性が高まる」「結果、自然破壊の原因が人間」といった表現にみられるように、児童は【類推】や【因果】の観点を取り入れ、考えの形成へとつなげていることがわかる。

　実践を通した感じたことは、児童が考えの形成を行う際、思考の観点が意識化されて取り入れられたものと無意識のうちに表現されたものがあるということである。左記の児童の意見文は、思考の観点をもとに意識的に取り入れられたものだったが、なかには無意識で書かれたものもみられた。よって、教師は文章を論理的に捉え考えるという思考活動を通してその言葉の持つ意味や働きについて児童に「価値付けていく」ことが必要となってくると考える。そのことにより、「観点が生かされている」ということへの気付きが生まれ、「言葉への自覚化」はさらに高まっていくものだと考える。

> 【学習の振り返り】
> 私は、友達の意見文のよかったところを次に意見文を書くときに取り入れてみたいです。
> 次の時間の推こうで「仮定」を使ってみようと思います。

　また、本実践においては第8・10時の交流活動においても「思考の観点」を取り入れた指導を行った。第8時の交流後の振り返りにおいて、上記のような児童の記述がみられた。

　交流を通して互いの思考の観点がどこで生かされているのかを確認し、推敲において【仮定】の観点を取り入れた意見文は右記のものとなっている。

（2）汎用的な力としての「思考の観点」

　今回の実践では、書く活動における考えの形成において「思考の観点」を取り入れてきた。そのなかで、実際に観点を取り入れて書くことができた児童は7割程度みられた。

　また、単元終了後の児童の振り返りからは、「理由や根拠をはっきりとさせて意見文を書くことができた」「意識して思考の観点を取り入れることができた」「友達の意見文の観点を推敲に生かすことができた」等の記述がみられた。

> 世界遺産白神山地を守るためには、人間を自然に近づけないようにして守る、何もしないでそのままの自然を残した方が良いというのが私の意見です。
> そう考えた理由は三つあります。
> 一つ目の理由は、人が入ることで白神山地の貴重な植物を興味本位で取る人がいると思うからです。また、できるだけ自然を変えないように作られている白神山地だから、もし転んだ時を考えると、貴重な植物をふんで自然をこわしてしまうことも考えられるからです。
>
> （児童の意見文から一部抜粋）

　「思考の観点」については、学習したことがその他の学習活動おける汎用的な力となっていかなければ本当の意味での深い学びとはつながらないと考える。今後は、書く活動を通して意識してきた「思考の観点」を「読むこと」や「話すこと・聞くこと」の活動へとつながっていけるような授業展開の工夫を模索していきたい。

実践提案②
系統性を意識した指導で深い学びを実現する！

教材名 「走れ」(東京書籍4年下)「ごんぎつね」「木竜うるし」(東京書籍4年下)

岡山・美作市立美作北小学校　高本英樹

1　私の「考える国語」における深い学びとは？

　系統的な指導なしに授業を行って学力を高めることはできない。国語科においては、物語、説明文、詩など、それぞれのジャンルに応じて以下のような系統性を考えるべきではないだろうか。

> ①　獲得すべき「用語」「方法」「原理・原則」の系統性
> ②　各学年における系統性
> ③　1年間の系統性
> ④　他教科との系統性

　この中で、③の1年間の系統性とは、①を②に振り分けた、その学年で習得させるべき内容を、どことどこの教材で取り上げ、どのレベルまで身につけさせるかということを見通すことだ。

　なお、これには、指導のステップも同時に考えておかなければならない。そのステップとは、「触れる段階→習得する段階→活用する段階」の3段階である。一度学ばせたつもりになっていても、単元が変わったり、時間が経過したりすれば、せっかく習ったことも忘れてしまう。よって、完全な習得を目指すためには、この3段階の反復学習が有効である。例えば1学期に、ある「用語」を紹介したとすると（触れる段階）、2学期には再度、同じ用語を取り上げる場面を作り（習得する段階）、3学期にはそれを活用する場面を設定する（活用する段階）といった具合に計画するのだ。

　今回は、特にこの③の系統性についての実践を述べていく。

　私は、先にあげた4つの系統性の関連を明らかにして指導することが、子どもの確かな学力をつける上で必須であると考える。どんなことを、どの学年で、どのように習得させ、それをどんな場面で活用させるか。こういった見通しをもった指導が深い学びを生むことになるであろう。

2　「考える国語」における系統性を意識した学びの流れ

　4年生の物語文における人物系列の系統性を考えた実践を紹介する。（なお、本校は東京書籍を採用している。）

> 1学期（触れる段階）・・・「走れ」
> ここでは、「中心人物や対人物とはどのような登場人物のことをいうのか」「中心人物のこだわりとは何か」について学習させる。

> 2学期（習得する段階）・・・「ごんぎつね」
> ここでは、中心人物と対人物の概念の習得と、中心人物と対人物の関わりが大きく物語を進展させることを学ばせる。また、対人物の働きについて、多角的に捉えることができるようにする。

> 3学期（活用する段階）・・・「木竜うるし」
> これまで学んできた中心人物や対人物に関する原理原則を活用し、中心人物と対人物の関わりを読み取っていくことで、作品の主題に迫っていくことができるようにする。

3 「考える国語」における深い学びの実際

　「走れ」では、始めに、2年生で学習した「きつねのおきゃくさま」を使って、中心人物と対人物の概念をおさえた。（東京書籍では、「中心人物」を4年生で詳しくおさえるようになっている。）このように系統的な指導では、それ以前に学習したことと現在学習していることを有機的に結び付けることが重要である。

　「走れ」を一読した後、誰が中心人物かを検討させた。すぐに、「のぶよ」ということになった。その後、物語の始めの「のぶよ」と最後の「のぶよ」とでは、どのような変容が見られるかを読み取らせた。すると、走ることをあきらめようとした「のぶよ」が、どうして最後まで走ったのかが問題となった。それは、「走れ！そのまんま、走れ！」という「けんじ」と「お母ちゃん」の声がきっかけとなっている。授業では、「その調子で、走れ！」と「そのまんま、走れ！」の違いを考えさせた。すると、「そのまんま」とは「自分のまんま」ということであり、「自分のありのままで、一生懸命やればよい」ことに「のぶよ」が気づいたことで、「自分は走るのが遅い」というこだわりが解消されたのではないかということになった。「体にからみついていたいろんな思いが、するするとほどけていった。」には、そういう意味が込められている。自分のことを自分で受け入れることができたからこそ、「のぶよ」は最後まで走りきることができたのだ。

　このように学習を進めて、**この作品では「けんじ」と「お母ちゃん」が対人物であり、中心人物とはこだわりを解決できた人物であり、中心人物がこだわりを解消して一番心が変容したところがクライマックスになること**を説明した。

　これを受けて、2学期には「ごんぎつね」を学習した。ここでも、「きつねのおきゃくさま」を使って学習を展開していった。実は、「きつねのおきゃくさま」も「ごんぎつね」も、きつねが中心人物であり、最後には中心人物は死んでしまうという共通性をもっている。さらには、どちらにも対人物が存在し、この対人物との関わりが大きく物語を進展していく。私は、この2つの物語の共通点と相違点を比較させることに大きな価値があると考えた。そこで「きつねのおきゃくさまに出てくるきつねと、ごんぎつねでは、どちらのきつねがかわいそうか」という問いを出してみた。

　紆余曲折する中で、中心人物と対人物との関わりについて話し合われた。きつねは、ひよこたちに慕われ、最後はお墓までつくってもらう。しかし、ごんは、一番気持ちを通じ合わせたかった兵十に殺されてしまう。気持ちが通じ合ったのは死ぬ間際である。そこで物語が終わっているため、ごんがどうなったかは語られていない。

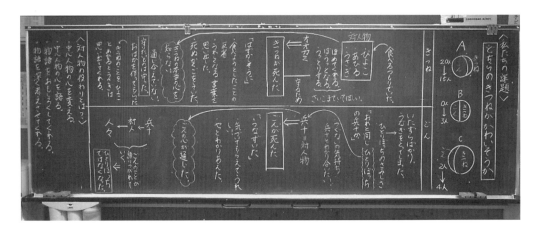

　よって、始めの段階では、圧倒的に「ごん」の方がかわいそうだという意見になった。しかし、ここで反対派から、「ごんのこだわりは、独りぼっちでさみしいことだったはず。そのごんが、一瞬でも兵十とわかり合えたのだから、こだわりはとけたことになる。でも、きつねは、本当の自分の思いがひよこたちに届いていないまま死んでいる。だから、きつねの方がかわいそうではないか。」という意見が出た。**1学期に学んだ「こだわり」が活用された瞬間**であった。

さらには、「ごんは人々に語り継がれている。だから、死んでからも独りぼっちではない。」という意見を述べた子どもがいた。では、誰が、ごんのことを伝えたのか。そこを考えさせると、兵十であることにすぐ気がついた。対人物の働きかけが、その後の中心人物の見方を大きく変えることになっているのである。この単元の終わりに、物語における対人物の働きについて考えさせた。今までは、「中心人物の心を変える働き」だけであったが、「中心人物に代わって、中心人物の心を語る働き」「物語を面白くする働き」「物語を深く考えさせてくれる働き」などの意見が出た。**このことによって、対人物についての認識をさらに高めることができた。**

3学期を迎え、ジャンルは少し異なるが、「木竜うるし」の単元に入った。ここで最初に激論となったのは、「中心人物は藤六と権八のどちらか」という問題であった。藤六と権八の行動描写を比較しながら読み取っていき、最終的には権八が中心人物で、藤六が対人物であることに落ち着いた。**ここでも、「こだわり」の学習が活用された。**権八は欲深く漆を独り占めすることに執着していた。その結果、藤六までもが邪魔に思えて、自分で作った木竜を湖の底に沈めたのだ。そのこだわりを解き、権八に漆を村のみんなで分けようと決断させたのは、藤六の人柄であった。この藤六によって、権八の心が大きく変容したのである。始めは混乱していた子どもたちであったが、2人の関係をきちんと読み取ることができた。

そして、この作品の主題を検討すると、「人間は素直さや正直さや周囲への優しさといった人柄が大切である」ということになった。このときの子どもの感想に、「**作品には、中心人物ではなく対人物のことが主題になることもあることを知って、対人物が作品に果たす役割は大きいんだなと思った。**」というものがあった。対人物をさらに深く学んだ証である。

今回の実践から、それぞれの教材の特徴と、それらのつながり・進展を意識することで、教科内容の系統的な指導が可能となることや、1年間に3段階のステップを踏むことで、学習技能の習得と深い学びが可能になることが分かった。

実践提案③
子どもに「学び」の実感がある国語授業づくり

教材名 「サボテンの花」（東京書籍6年）　　　　　　　鳥取・米子市立成実小学校　花井康代

1　私の「考える国語」における深い学びとは？

　子どもたちを「考える国語」における深い学びにたどりつかせるためには以下のことを大切にして授業を行わなければならないと考えている。

（1）子どもが考えたくなる授業

　子どもを「考えたい！」と思わせるには、子どもが考えたくなる「課題」を与えなければならない。その課題により、子どもに「どうしてなのだろう？」「なぜ違うのかな？」等という「思考のズレ」を生じさせる。子どもたちに「思考のズレ」が起きることによって、子どもたちは考えたくなる。そして、解決方法が知りたくなり、主体的に学習に向かうようになる。

（2）子どもに学びの実感がある授業

　「思考のズレ」を解決するためには、国語科における「用語」「方法」「原理・原則」を知っておく必要がある。解決に向かう中で、新たな「用語」「方法」「原理・原則」を習得し、それをさらに活用することができれば、「今日はこれを使って考えたぞ」「今日は、これを学んだ」という学びの実感をもつことができる。

（3）友だちの発言から、自分の考えを広げ、深めることができる授業

　「思考のズレ」から共通の課題解決に向かい、対話を繰り返すことで、友だちの見方・考え方にふれ、自分の考えを再構成していく。そのためには、学びの観点をはっきりさせた対話が必要である。

　この三つのことを大切に考え、授業づくりに取り組んでいる。

2 「考える国語」における深い学びの単元の流れ

単 元 の 流 れ （全8時間）	「用語」「方法」「原理・原則」
第一段階・・・「思考のズレ」から「問い」をもつ 　「思考のズレ」を生じさせるための課題から子どもに「問い」をもたせる。	
○「思考のズレ」を生じさせる課題 　「この作品を一文で表してみよう。」 　「おかしいな？中心人物は誰かな？」 　「真ん中の（　）には何が入るのかな？」 　「最後にはどうなったのかな？」 　　　　　　↓ 　　　「問い」が生まれる	○中心人物 ○一文で書く （　　　）が （　　　　）することによって （　　　　）になる話
第二段階・・・「問い」の解決を目指す 　「用語」「方法」「原理・原則」を手がかりとし、論理的に思考し「問い」の解決を目指す。 　①「作品を三つに分けよう。」 　　　作品全体を捉える。 　②「どんなサボテン？」 　　　設定を捉えることにより、中心人物像を掘り下げる。 　③「サボテンは変わったの？どう変わったの？」 　　　サボテン（中心人物）の変容を読み取る。 　④「なぜサボテンは変わったの？」 　　　なぜサボテンは変容したのかを問うことで、クライマックスについて考える。 　⑤「なぜ題名は『サボテンの花』なの？」 　　　サボテンの「花」が何を表すのかについて考え、主題に迫る。	 ○基本構成（三部構成） ○設定 ○情景 ○倒置法 ○変容 ○中心人物のこだわり ○事件 ○クライマックス ○題名 ○象徴
第三段階・・・「問い」を解決し学びを広げる。 　○「もう一度一文で表してみよう。」 　　　学んだことを生かし、もう一度作品を一文で表す。→「こういうことだったのか！」 　○「やなせたかしさんがこの作品を通して伝えたかったことは？　朗読で表現してみよう。」 　　　この作品から、自分なりに受け取ったことを文章に表して思いを交流し、朗読で声に表す。	○一文で書く ○主題 ○朗読

3 「考える国語」における深い学びの実際

　「サボテンの花」は、六年生の最初に出会う教材である。短く、メッセージ性が強いこの作品は、六年生の「文学作品の読み方」についての学びのスタートにふさわしい作品であると考える。

第二段階②　どんなサボテン？（初めのサボテンは？）

　1段落の3行に、サボテンの置かれている状況、サボテンの様子が書かれている。その言葉一つ一つからどのようなサボテンなのかを考えた。

　○赤い砂漠→太陽がギラギラ照りつけて、暑そう、砂漠全体が赤い、何もない・・・
　○一本→一人で強く、さみしそう、つまらなそう、静かに、ひとりぼっち・・・
　○青く→深緑、色あせせずしっかりしている、目立つ・・・
　○全身とげだらけ→「さわるな！」という強い意志、強そう、自分を守る・・・
　○何か一つの意志のように、そこに立っていた→何かやろうとしている。どんな意志？

　　　　　　　　　　　　　↓　　　　　　　　　　　　　　　　　　　↑
　　・一人で生きていても「別にいいや」という気持ちでいるサボテン　{新たな問い}
　　・たたかっていて、たくましい。
　　・意志があり、心も体も強くやさしいサボテン
　　・何かをやりとげようとしているサボテン

【児童の振り返り】
　なぜか「やさしい」という感じがします。もしかしたら「やさしい」とは一言も書いてないけど、そう感じさせる言葉が隠れているのではないかなあと思いました。自分も、サボテンがどんな意志をもっているのか気になりました。

第二段階⑤　なぜ題名は「サボテンの花」なの？

　なぜ題名は「サボテン」ではないのか？「花」のもつ象徴性について考えた。

　　・努力をした人（植物）じゃないといいことが起こらない、きれいな花は咲かない、という意味。
　　・花が咲いて実になり種ができる。それは一つの命が生きること。そこがサボテンの意志といっしょだから「花」がついている。
　　・人を助ける、優しい証。勲章。

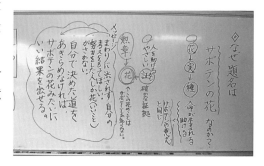

第三段階　もう一度一文で表そう。

　学習のまとめとして、再度一文で表現した。

　　○（サボテン）が（うでが切られること）によって（人を助ける）話

　　　　　　　　　　　　　↓

　　　（サボテン）が（自分の決めた道を進むこと）によって（悔いのない人生を送る）話

○（サボテン）が（旅人に水を分け与えること）によって（「生きる」ということがわかる）話
　↓
（サボテン）が（自分と戦いながら生きること）によって（自分で決めた道をあきらめなければいい結果が出るということがわかる）話

○（サボテン）が（戦いながら生きていくこと）によって（花を咲かせて元気）になる話
　↓
（サボテン）が（自分の進むべき道を決め最後まで歩み続けたこと）によって（その証である美しい花が咲いた）話

【学習後の感想】
○最初は「切られて痛そう・・・」とか「ふうん」としか思っていなかったけれど、勉強で一つ一つの意味を考えていくうちに、やなせさんは何を伝えたいのかを考えるようになりました。自分の考えだけでまとめるよりは、友だちの意見などをヒントにして考えるということも分かりました。やなせたかしさんが何をつたえたかったのか。それは、簡単にいうと「自分で決めたことは、あきらめないでほしい。」ということだと思いました。

○最初はそこまで深く考えていませんでした。でも、毎日国語をするたびに、新しく気づいたことがいっぱいあって、やなせさんの伝えたかったことが少しずつわかってきました。

○「サボテンの花」では、いろいろな学習をしました。例えば「場所」「どんなサボテンか」最後の所の「強調」「倒置法」「時」「サボテンの心」「題名」・・・いろいろなことがわかって、物語はこんなにもおもしろいことがわかりました。国語が苦手で、文章を読むのが苦手だったけど、好きになりました。

○「サボテンの花」というのは、深く考えてみるとこのお話のおもしろさが伝わってきました。深く考えれば考えるほど、話の内容、おもしろさがわかりました。国語がこんなにおもしろいということを初めて知りました。

　子どもたちが毎時間、学びの実感が味わえるように授業を考え行ってきた。「今日学んだことはこれだ！」という実感があると学ぶことが楽しくなってくる。そして、その学びは次の学習につながっていく。これからも、子どもたちが、「知りたい！」「考えたい！」と主体的に学習に取り組み、友だちと意見を交わし合うことで自分の考えを深め、考える喜びを味わいながら学びの実感がある授業を重ねていきたい。

実践提案④
物語の特徴を生かし、続き物語を創作する

教材名 「プラタナスの木」(光村図書4年下)　　山口大学教育学部附属山口小学校　五十部大暁

1　私の「考える国語」における深い学びとは？

　国語教室では物語を深く味わうことができる児童を育てたい。そのためには、物語のストーリーだけでなく「物語の特徴」も味わえるようになってほしい。それぞれの物語は固有の特徴をもっている。例えば、「かさこじぞう」の昔話の語り口調、「注文の多い料理店」のファンタジー構成などである。物語を読む際に「この物語にはどんな特徴があるのだろう、どんな効果があるのだろう」と考えながら読むことで、物語の味わいが深まってくる。また、そうした特徴を見つける視点となるのが『設定』・『事件』といった『原理・原則』である。このように『原理・原則』を使って物語の特徴を味わうことも「考える国語」における深い学びの1つの視点であると考える。

　今回取り上げる教材は光村図書4年下「プラタナスの木」である。中心人物マーちんが不思議なおじいさんと出会うことにより、木の根の存在の大きさを実感する物語である。明確に語られていないおじいさんの正体、物語の中心軸として様々な役割を担うプラタナスの木、個性的な周辺人物など椎名誠氏の世界が展開されている。

　そして、最後の場面の「春になれば、プラタナスも芽を出すだろう。」や「きっとまた、おじいさんにも会える。」という叙述から物語の続きが気になってくる。そこから「物語の特徴を生かして、続きを作ろう」という学習課題を設定する。必要感をもって物語の特徴を考えていく中で、「プラタナスの木」を深く味わえることができるようにしたい。

2　「考える国語」における深い学びの単元の流れ

		学習活動
第1次	第1時	・「プラタナスの木」を読み、感想を交流する。 ・「続きが気になる」という感想から「物語の特徴を生かして、続きを作る」という学習課題を設定する。
	第2時	・「プラタナスの木」の物語の特徴について話し合う。
第2次	第1時	・おじいさんの正体について話し合う。
	第2時	・プラタナスの木の役割について話し合う。
	第3時	・周辺人物の必要性について話し合う。
第3次	第1・2時	・「プラタナスの木」の続き物語を書く。 ・続き物語を読み合い、感想を交流する。

3 「考える国語」における深い学びの実際

第1次　第1時　「プラタナスの木」を読み、感想を交流する。

　「プラタナスの木」を読んだ感想を交流したところ、「物語の続きがどうなるのか気になる」という感想が多く見られた。それらを全体で共有すると、続きを想像して語り始めたので、「続きを書く」ということで共通理解ができた。また、「白いぼうし」を取り上げ、続きを書くのであれば色彩語などの特徴を生かす必要があることをおさえ、「物語の特徴を生かして、続きを作ろう」という課題が設定された。

第1次　第2時　「プラタナスの木」の物語の特徴を考える。

　特徴と感じたところを交流するとともに、そこから生まれた疑問を共有していった。

特徴と感じたところ	疑問
おじいさんが不思議。	おじいさんの正体は？なぜ不思議なのか？
木がとても重要。	プラタナスの木にどんな役割があるの？
周辺人物が面白い。「マーちん」「アラマちゃん」というニックネーム。ハイソックスをずり落としながら走ってきたクニスケ。	花島くんにはどんな役割があるの？

第2次　第1時　おじいさんの正体について話し合う。

　前時で疑問が挙がったおじいさんの正体を尋ねると、木の精など「不思議な存在」と「人間」に分かれたので話し合った。意見は下の表のようになった。

不思議な存在	根拠となる叙述	人間
古い木だからおじいさん	古い大きな木	
自分が木だから分かる。	不思議なことを言った。	木に詳しい人。
ずっと昔に生まれた自分を知っている。	公園のできるずっと前からプラタナスのことを知っているみたいだ。	公園ができる前に生まれて木のことを知っている。
自分も木だから他の木を「みんな」と呼んでいる。	みんなによろしく	木を自分の仲間だと思っている人
木が倒れたことを表しているのでは	しだいにぼんやりとしていく	マーちんが眠っていったことを表している。
自分が木だから倒れたらいなくなった。	木が切られてから、おじいさんは公園に姿を見せなくなっていた。	きりかぶは残っているから木の精ならいてもおかしくない。倒れたショックで来られなくなったのでは。

　意見が出尽くしたところで、もう一度正体を尋ねると、「どちらかというと不思議な存在」や「どちらかというと人間」という児童が大半だった。「なんで迷うの？」と尋ねると「はっきり分か

るところがない。」という発言に同意が集まった。そこで、「はっきりした方がいいんじゃない？」とゆさぶると、「はっきりしないと正体が気になる。」「正体を考えるのが面白い。」という意見に納得していた。振り返りには「続きでもおじいさんの正体をはっきりさせないようにして、想像してもらいたい。」などがあり、「ほのめかし」という特徴と効果を考えることができた。

第2次　第2時　プラタナスの木の役割について話し合う。

　第1次第2時で出た「木がとても重要。」という意見から、「プラタナスの木にはどんな役割があるのか」という意見交流が始まった。

・マーちんたちとおじいさん、登場人物同士をつなぐ（『人物関係』）
・倒れることで物語に悲しさを生む（『事件』）
　　叙述の変化（古い大きな木→きりかぶだけ、日かげの古いベンチ→強い日を浴びるベンチ）
　　おじいさんに会えなくなったきっかけ
・おじいさん自身と思わせる
・中心人物マーちんに木の根の存在を考えさせるきっかけとなる
　　おじいさんが『対人物』であることに異論はなかったが、おじいさんだけでなく、台風という『事件』もあることでマーちんが『変容』するという意見に納得していた。

　上のような役割があることで木が大切と感じられたことをつかんでいた。授業後には「木が倒れて悲しかったぶん、続きでは木の芽が出ることで喜びを大きくしたい」などの感想があった。

第2次　第3時　周辺人物の設定の必要性について話し合う。

　「アラマちゃん」たちが『周辺人物』であることを確認し、第1次第2時で出た「花島君の役割」について話し合った。

・背が高いから最後の場面でプラタナスの木の中心となる。
・物語の最初に出た「背が高い」という『設定』も最後で使われていてすごい。

という意見が出て、花島君の役割や筆者のしかけをつかむことができた。また、クニスケ・アラマちゃんの役割についても話し合った。

・クニスケ　「ハイソックスの中にすねあてを入れる。本格的なのだ。」
　　　　　→「本格的」が面白い。
　　　　　「ハイソックスをずり落としながら走ってきた」
　　　　　→急いでいることが分かる表現が面白い。
・アラマちゃん　ニックネームがかわいい。
　　　　　　　「いつもの口ぐせを言わずにだまっている」
　　　　　　　→いつも「あらま」があるのになかった。相当なショックを感じる。読者も「あらま」がなくてさみしい。

　周辺人物の『設定』が物語を進める上で役割を担っていたり、物語のユーモラスな雰囲気を作っていたりすることをつかむことができた。「続きにも周辺人物をしっかり生かしたい。」という意見

がたくさんあった。

第3次　第1・2時　物語の続きを書き、感想を交流する。

これまでに考えてきた特徴を生かして、物語の続きを書いた。以下、2名の作品と分析である。

A

　春になった。マーちんたちは五年生になった。ある日、また、クニスケがハイソックスをずり落としながら走ってきた。
「公園に来て。」
　マーちんたちが、公園に行くと、プラタナスの木のきりかぶから小さな芽が出ていた。アラマちゃんは、いつもの口ぐせを言わずにだまっている。
　すると、マーちんには、どこからともなく「また、会えたね。」というおじいさんの声が聞こえた気がした。
　マーちんは、これからも根を大切にしていきます、と心の中でつぶやいた。

・クニスケの急いでいる表現
・アラマちゃんが口ぐせの「あらま」を言えないほど、嬉しい気持ちを表わしている。
・「どこからともなく」「声が聞こえた気がした」でおじいさんの正体ははっきりしていない。
・「根を大切に」→おじいさんとの心の中でのつながりが生まれている。

B

　あれから半年が過ぎた。再びサッカーにも熱中するようになった。プラタナス公園の異変を知らせてくれたのは、また、ハイソックスをずり落としながら走ってきたクニスケだった。
　マーちんたちが公園に行くと、きりかぶから小さな芽が出ていた。三人は喜び、アラマちゃんは元気に「あらま！」と言った。
　プラタナスの芽が春風にゆれていた。おじいさんが「また、会えたね」と笑っているようだった。

・クニスケが伝えにくる。
・4場面で黙っていたアラマちゃんが今度は元気に「あらま」と言う。嬉しい気持ちが伝わってくる。
・プラタナスの芽からおじいさんの姿を感じていた。再びつながりが生まれている。
・木の芽をおじいさんと感じていることで、おじいさんの正体を明らかにしていない。

　単元の振り返りには、「物語の特徴を考えることが面白かった。」「椎名さんが工夫して書いていることが分かった。」「特徴が物語の雰囲気にも関わっていることが分かった」「他の椎名さんの作品を読んでみたい。どんな特徴があるのか気になる。」などがあり、「プラタナスの木」を特徴という視点からも味わうことができたと考える。
　また、こうした物語の特徴を見つけるためには『原理・原則』がとても重要である。物語の特徴を深く味わえる児童を育てるために『原理・原則』を活用した「考える国語」の授業をこれからも仕組んでいきたい。

実践提案⑤

説明文を１文で読む
～説明文を論理的に読む～

教材名　「見立てる」「落ち葉ではなく落ち枝」「テレビとの付き合い方」「生き物はつながりの中に」等
　　　　　　　　　　　　　　　　　　　　　広島・三次市立十日市小学校　大澤八千枝

1　私の「考える国語」における深い学びとは？

　児童は、基礎・基本としての知識や技能を活用して、教材に主体的に関わり、個性的で、豊かなものの見方・考え方を身につけた人間として成長する存在である。私たちは、基礎・基本の力を土台とし、児童が自己実現するための「ことばの力」を付けなければならないのであり、そのための「深い学び」を授業で実現しなければならない。

　「深い学び」とは、児童が教材の論理を見出し新しいものの見方・考え方を獲得することだと考える。そして、自ら文章に関わり、「ことばの力」を駆使して「自分の読み」を創り上げることができる児童を育てるための学びである。

　「読むこと」の学習において「深く読む」ためには、児童が、教材の論理を思考する場を創ることが重要であり、児童の思考・判断が生かされる課題解決の過程を設定することで、主体的、目的的な学習を実現し、児童自らが、文章全体の構造をとらえ教材の様々な関係を「論理的に読む」力を付けることが重要である。

　ここでは、説明的な文章の指導に絞り、私のとらえている説明的な文章指導で付けるべき力と授業の実際について述べる。

◆説明的文章で付けたい力

① 文章の事柄・内容、論理が、どのような構造になっており、どのような言葉で表現されているかを把握する力。
② ①で読み取った文章の内容、論理、言葉が、なぜそのように書かれたのか、その根拠と妥当性（納得のいくものか）を吟味・評価する力。

2　「考える国語」における深い学びの実際

（1）１文で表すことの意味

　本単元では、説明文を１文で表す方法を考えることによって文章全体の構成をとらえる力を付ける。まず、説明文を読むときに大切なことを子どもたちと確認した。「要旨を読むこと」「事例の関係（段落の関係）を考えること」「自分の考えをもつこと」等が出てきた。そこで、自らの力で説明文を読む力を付けていこうと、次の１文を示した。そして、説明の仕方がわかりやすいかどうか、読者としての自分の考えをしっかり書いていくことを確認した。説明文を次の１文で書き評価することは、まさに「論理的に読む」ことである。

> 題名・筆者 は
> 説明方法・事例の関係 によって
> 要旨・まとめ を伝えている（説明文）。
> （自分の考え・評価）

この取り組みで児童に説明文の読み方を身に付けさせ、次の力を付けたいと考えた。
○文章全体を読む力
○文章構成を読む力
○事例の関係を読む力
○説明方法に対して自分の考えをもつ力 → 評価する力

（2）授業の実際（中心的な発問Tと児童の反応Cを示す）

ここでは、5学年を担当した1年間における「1文で書く」実践を紹介する。全て3時間程度で行ったものである。紙面の都合上、「落ち葉ではなく落ち枝」「テレビとの付き合い方」を詳しく述べる。

①「見立てる」（光村図書5年）の授業

> 双括型の効果を考えながら読み、事例の挙げ方を評価する

本教材は、「1文で表す」初めての教材であったので、双括型の初めと終わりのまとめの違いを考えさせ、「中」と「おわり」の関係をとらえさせたあと1文をどのように書くか確認し、自分の考え（評価）を書かせた。

> 筆者は
> あやとりを例にして、日本や世界のあやとりのよび方を説明することによって、
> 想像力は、自然や生活と深くかかわっているということを伝えている。

　私は、この説明文はわかりやすかったです。想像力を説明するためにあやとりを例に挙げているのは、読者にとってよくわかりました。
　でも、もう少し付け足してほしいことがあります。それは、⑤段落でアラスカやカナダを例にしていますが、それらがどんなところか説明していないとどんな自然でどんな生活をしているのかがわからないと、結びついていることがよく分からないからです。

②「落ち葉ではなく落ち枝」（学校図書4年下）の授業

> 問いと答えの関係を読みながら全体の構成をとらえ、論の進め方を評価する

本教材は、児童の興味引く題名が示すように「落ち枝現象」が説明されている。筆者が「わたし」として文中に登場し、筆者の視点から疑問や驚き、発見などをもとに「落ち枝現象」が語られており、物語的な書きぶりが特徴と言える。構成としては、問い1①－答え⑨、問い2⑪－答え⑫全体のまとめ⑬という関係になっているが、問い1と答えの対応は、分かりにくい。（②段落から

⑨段落は「落ち枝」の説明になっている。）これらのことを考えさせながら、本時では説明文を1文で表す活動を行う。

 T 「中」を分けるとどこで分かれますか？
 C 問いが二つあるから、その答えを考えれば、①から⑩と⑪から⑭に分かれる。
 C まず、「落ち枝」の説明をして落ち枝現象が起こる理由を説明している。
 C だったら、問いを書き換えたほうがわかりやすい。
 C はじめの問いを「落ちている枝は何なのでしょう。」に変えた方がいい。
 T まとめの段落は何段落ですか？⑭段落は必要ですか？
 C ⑬段落。「木は自らをせん定して最良の樹形をつくっている」がまとめで⑭段落は筆者の思い。⑭はなくてもいいけど、⑬までを受けているのであった方がいい。

筆者は
自分の体験談を通して、まず「落ち枝」の説明をし、その「落ち枝」現象がみられる理由を説明することによって、
木は、自らをせん定し最良の樹形を作っていることを説明している。

 私は、この説明文を読んで、筆者の体験を物語のように説明してあったので、筆者の気持ちを考えながら読むことができました。こんな書き方もわかりやすいと思いました。
 でも、①段落の問いと⑪段落の問いが同じなのはどうしてかなと思いました。まず、「落ち枝」の説明がしてあるので初めの問いを「この枝は、何なのでしょう。」とした方がいいと思います。それに「つまり」が多く使ってあって結局何が言いたいのかわかりにくかったです。
 最後の段落は、⑬段落までとつながっているのであった方がいいと思います。

---

③「テレビとの付き合い方」（東京書籍5年）の授業

 具体と抽象の関係を読みながら全体の構成をとらえ、論の進め方を評価する

 本教材「テレビとの付き合い方」は、メディア（テレビ）の特性や情報を受け入れる側にとって大切なことを説明した文章である。まず、①～③段落でテレビのメリットを説明し、④～⑦段落で受け手としてテレビとの付き合い方で大切なことを述べている。前半のまとめが③段落、後半のまとめが④段落でありそれを「しかし」という接続語で強調している。この具体と抽象の関係は児童にとって初めての構成であり、筆者の説明方法をとらえ自分の考えをもたせることができる説明文である。
 筆者の取り上げた具体例とまとめとの関係や、抽象的に述べられた図と筆者の意見とを関連させ、さらには自分の生活と重ね合わせて、様々なメディアとどのように付き合えばいいかを考えさせる。

 T 1文で表すのための「要旨」をまとめるために必要な段落は？
 C ④段落。「しかし」の後には、筆者が強調したいことが述べられているはずだから。
 C ⑦段落。まとめの段落だから必要だと思う。筆者の伝えたいことが書かれている。
 C ①～③段落は、テレビの良さが書かれていて「しかし」でひっくり返して問題点が書かれている。だから良さをまとめている③段落は必要。

C ①②や⑤⑥は具体例なのでいらない。
T ⑦段落は後半のまとめ？全体のまとめ？
C テレビの良さは書いていないので後半のまとめ。
T この文章構成をどう思いますか？
C 「テレビと付き合う必要があるのではないでしょうか。」というのは主張としては弱い。
C 具体から入って、説明文の中ほどに言いたいことがあって、具体例さらに具体例という書き方はだんだんわからせるという効果はあると思う。でも、具体例が多すぎる。

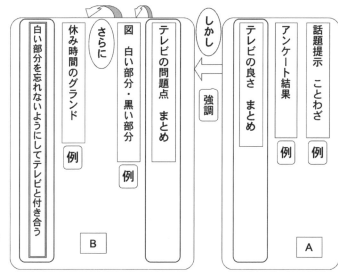

【「テレビとの付き合い方」文章構成】

> 筆者は
> テレビのメリットとデメリットを対比し、「しかし」を使って後半を強調する文章構成にすることによって、
> テレビは世界中のできごとを知ることができるが、見えていないところに多くの重要な情報があることを忘れてはいけないことを伝えている。

　この説明文は今までにない文章構成でした。
　テレビのメリットを、ことわざや調査結果をもちに述べ、③段落でそのメリットをまとめています。でも、デメリットをにおわせています。④段落の「しかし」でひっくり返して、まずデメリットのまとめをしてから図の具体例、さらに具体例で説明してあり、わかりやすかったです。しかし、文と文段落と段落が重なった感じもするので、⑥段落の具体例はいらないと思います。
　今まで何も考えずにテレビを見ていたので、写っていない部分を想像することも大切だと思いました。

（3）成果と課題

　1年間、多くの教材を用いてこの「1文で書く」取り組みを行った。児童は、説明文を読むとすぐに「要旨は〜○○段落に書いてある」「△△を事例にして述べている」「この説明文はわかりやすい。」という反応を示すようになり、「短い時間で説明文を読めるようになった」と実感していた。「1文で書く」実践は、指導者としても児童に説明文の読み方を身に付けさせるために有効であったととらえている。

実践提案⑥
言葉と言葉のつながりにこだわって力を付ける

教材名 「風切るつばさ」(東京書籍6年) 　　　大阪・大阪市立本田小学校　流田賢一

1 私の「考える国語」における深い学びとは？

　言葉と言葉とのつながりにこだわりを持って、物語を読む力がついてほしいと願っている。つまり、論理的に思考し、説明する力の育成が深い学びにつながると考えている。

　本単元で身に付けたい力は、「人物と人物の関係を手がかりに、中心人物の心情の変化を読み取る」ことである。

　心情の変化をとらえるために、中学年で学習してきたことは「キーアイテムに着目する」読み方である。例えば、「白いぼうし」に出てくる夏みかんである。物語の冒頭に登場し、最後にもう一度出てくる。キーアイテムの役割や意味を考えることで、深い読みができるようになる。高学年では、キーアイテムが題名になっているものが多くある。今回であれば、「つばさ」がキーアイテムであろう。物語の中に何度も登場し、中心人物の心情を表現する重要なアイテムとなっている。また、キーアイテムが題名となっているものは、題名の意味を考えることが主題に迫る読みとなる。

　そして、深い学びに向かうためには単元を貫く課題を設定することにある。「どうしてだろう」と疑問を持ちながら、学習を展開することにより、本質に向かうことができる。この課題設定は、子どもたちから出てきた課題から設定できることが一番自然でいいが難しい場合もある。今回は、読み聞かせの中から出てきた課題と構成を学習したときに出てきた課題を学習課題として設定した。

2 「考える国語」における深い学びの単元の流れ

　教師からの範読を聞きながら、子どもたちは多くのつぶやきをしていた。「かわいそう」「許されへん」「何でこんなことになるん」「最後に、どうして飛べたんやろう」「クルルの気持ちがわかる」と、中心人物であるクルルの心情を想像したものである。また、物語の構成をとらえた後には、「どうして山場で終わっているの」「結末がなく、山場で終わることによさはあるの」と構成に着目したものである。子どもたちから出てきた疑問を整理すると次の3つになった。

A：ククルはなぜ飛べなくなったのか。
B：クルルはなぜ再び飛べるようになったのか。
C：山場で終わるっているのはどうしてか。

　上記の疑問は、AとBが内容（心情の変化）、Cが構成と分類することができる。これらの疑問を学習課題として、単元設計し解決していくことにした。

第1時　指導者の範読を聞く

　　　　場面分け、構成を確認する

　　　　　　設　定：事件が起こり厳しい言葉をぶつけられるクルル

　　　　　　展開１：仲間外れにされるクルル

　　　　　　展開２：飛べなくなるクルル

　　　　　　展開３：クルルのもとに降り立つカララ

　　　　　　山　場：再び飛べるようになるクルル

第2時　設定場面、展開場面を読み取る：課題Ａ

　　　　「ククルはなぜ飛べなくなったのか」

　　　　言語活動：設定場面、展開場面の人物相関図を考える

第3時　山場場面を読み取る：課題Ｂ

　　　　「クルルはなぜ再び飛べるようになったのか」

　　　　言語活動：山場場面の人物相関図を考える

第4時　山場で終わるよさを考える：課題Ｃ

　　　　指導者の結末（ハッピーエンド）を見せ、山場で終わることのよさを考える

第5時　キーアイテムから主題を考える

　　　　キーアイテム（つばさ）の繰り返しを確認する

　　　　つばさに込められた意味を考えることにより、主題に迫る

3 「考える国語」における深い学びの実際

　本単元で身に付けたい力は、「人物と人物の関係を手がかりに、中心人物の心情の変化を読み取る」ことである。

(1) 内容（心情の変化）

　「人物と人物の関係を手がかりに心情の変化を読み取る」ために、人物相関図をもとに考えられるようにした。心情が変化する前（事件が起こり仲間外れにされる場面）は人物相関図のかき方を確認しながら全体で学習した（資料１）。

　心情が変化した山場の人物相関図は、それぞれがノートに記入した。そして、どうしてそう考えたのかも記述することで身に付けたい力がついているのかを確

資料１　人物相関図の板書

実践提案⑥

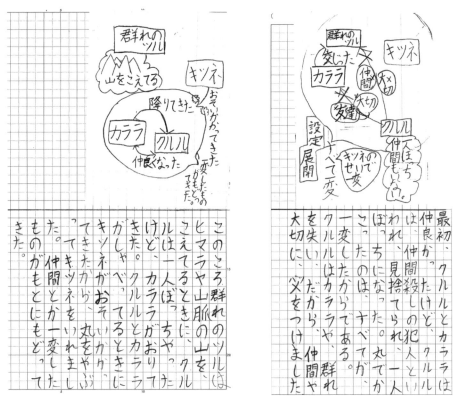

資料2　児童が考えた人物相関図

認する手立てとした（資料2）。

（2）構成

物語が山場で終わり、結末がないため指導者から結末を示した。

> こうしてクルルとカララは、群れのツルと事件の前のような関係にもどることができた。

提示した結末に賛同する子どもたちもいる。ハッピーエンドの結末に安心するのである。しかし、この結末では何だかおかしいと頭を傾げる子どもたちもいる。「その結末も分かるんだけど、何だか違う気もする」と言うのである。それは、山場のクルルとカララの関係において読み取った際、となりで何も言わずいる時間が心を解かしたように関係がもどるためには時間が必要だと考えているのである。このように様々な立場の読みがあることを知り、物語が山場で終わることにより読者がその後を想像することができるという議論になった。

このことに加えて、今まで学んできた物語の中で、山場で終わる物語について確認をした。1年生で「おおきなかぶ」、4年生で「ごんぎつね」を学んでいる。今までは、山場で終わっていることを意識せずに学習をしてきているが、山場で終わるよさを複数の教材から考えた。
　子どもたちの授業後の振り返りには、「どうして山場で終わるのかと不思議に思っていました。結末が書いている方が、クルルの気持ちがわかると思っていたからです。でも、結末がないことで読んでいる人が想像できる世界が広がるので、もっといい物語になったと思います。山場で終わることは作者の工夫だと思いました。」と書かれていた。

（3）キーアイテムから主題を考える

　この物語のキーアイテムは、「つばさ」である。物語に繰り返し出てくる表現を場面分けと合わせて整理すると次のようになる。

設　定：事件が起こり厳しい言葉をぶつけられるクルル
展開1：仲間外れにされるクルル
　　　　「**風の中を飛ぶ自分のつばさの音すら、みっともない雑音に聞こえる。**」
　　　　「**自分の顔、自分のあし、自分のつばさ、みんないやだ。**」
展開2：飛べなくなるクルル
展開3：クルルのもとに降り立つカララ
山　場：再び飛べるようになるクルル
　　　　「**風を切るつばさの音が、ここちよいリズムで体いっぱいにひびきわたった。**」
　　　　「**つばさを大きく羽ばたかせ、どこまでもどこまでも……。**」

　中心人物クルルのつばさに対する考え方が大きく変わっている。このことから「クルルはまた飛べるようになったし、くやしくていやな自分から自信のある自分に変わった。カララのおかげで、今の自分がいるからカララに感謝していると思う。」「飛べなかったのは、カララでさえ味方になってくれず、一人ぼっちになって心がさみしくなっていたので、カララのおかげで友情を信じ、自信を取り戻した。再び生きようと思えた。」と発言した。
　題名の「風切るつばさ」について考え、主題に迫った。
・つばさの音は、命の音
・風切るつばさは、生きている証拠
・風切るつばさは、友だち（カララ）との友情の証
　などが出てきた。

実践提案⑦
問いの意識・判断のズレ・問いの共有から深い学びへ

教材名 「どちらが生たまごでしょう」（教育出版3年下）　　青森・八戸市教育委員会　福田秀貴

1　私の「考える国語」における深い学びとは？

　今、国語の授業において、「学習課題」が欠如していることが多い。「〜しよう」「〜を考えよう」など、学習の見通しをもたせることを主な目的とした「めあて」はよく示されるが、本時で何を解決するのかを明確化・焦点化した学習課題が示されることは極めて少ない。「考える国語」における深い学びの実現に向けた第一の着眼点は、この学習課題の再考にあると考えている。「問い」としての学習課題を明確にした、問題解決的な国語の授業こそが、「考える国語」における深い学びを実現につながると考えている。もちろん、学習課題を提示すればよいというものではない。学習課題の提示が形骸化してしまっては、国語の授業は旧態依然として改善されないだろうし、「主体的・対話的で深い学び」の実現もない。学習課題設定までのプロセスを、児童の思考の流れを考慮しつつ、どのようにしかけていくのかを吟味することが求められる。そこで、学習課題設定までのプロセスを、「問いの意識」「判断のズレ」「問いの共有」をキーワードに提案する。

　授業では、まず、児童に「問いの意識」をもたせることに努めることが大切である。しかし、国語の授業では、児童が問題を発見し自発的に問いの意識をもつことは容易ではない。児童に問いの意識をもたせるためには、教師が児童に対して意図的に働きかけること、つまり、「しかける」ことが必要である。

　授業が始まり、まだ受動的な児童に対して、教師がしかけることによって、児童は間もなく疑問や違和感をもち、問題場面に関わろうとする。これが「問いの意識」の芽生えである。この時点での問いの意識は、直感的・感覚的であり、まだ内言的なものである。自分の考えに対するこだわりも弱いが、児童の思考が動き出す大切な段階である。

　教師の発問に対する反応は様々で、児童の考えも一様ではない。これが「判断のズレ」である。児童一人一人の内言的な問いの意識は、この判断のズレを外言化・可視化することによって顕在化する。判断のズレを顕在化させることによって、個々の問いの意識は増幅し、問いが共有される。児童全員に問いが共有されたときこそが、学習課題を設定・提示するタイミングである。同時にこのタイミングが、受動的な学びから能動的な学びへのターニングポイントでもあり、学習課題の設定には、「問いの共有」が絶対条件なのである。さらに、問いを共有することによって、問題解決に向かう主体性が醸成され、その後の対話的な活動の原動力・駆動力になると考えている。

　このように、「問いの意識」「判断のズレ」「問いの共有」をキーワードに授業を構想し、具体的な手立て（しかけ）を考えることが、深い学びを実現する問題解決的な国語の授業づくりへの確かな第一歩になると考えている。

2 「考える国語」における深い学びの単元の流れ

本時の指導を通して身に付けさせたい力は、「問いと答えの関係から文章構成をとらえることを通して、筆者の意図や主張を読み取る力」である。

第1時　全文を通読し、内容の大体をつかむ。
第2時　問いと答えの関係から文章構成をつかむ。（本時）
　　　　・空欄のある題名から問いの意識をもつ
　　　　・文章全体を3つに分ける
　　　　・問いと答えの関係からズレを解決する
　　　　・意味段落ごとに筆者の強調点を考える
　　　　・問いを解決する
第3時　筆者が述べたいことの中心をまとめる。

3 「考える国語」における深い学びの実際

【問いの意識をもつ】

授業では、まず、児童に「問いの意識」をもたせることに努めることが大切であるが、国語の授業では、他教科に比べて児童が自ら問題を発見し、自発的に問いの意識をもつことは容易なことではない。児童に問いの意識をもたせるためには、教師が児童に対して意図的に働きかけること、つまり、「しかける」ことが必要である。教師がしかけることによって、児童の知的好奇心を刺激し、思考を揺さぶり、問いの意識をもたせることができる。「しかける」具体的な方法として、以下の3つの方法を提案する。

---

① 「発問・指示」でしかける
　疑問や判断の揺れを生じさせるような発問（揺さぶり発問）や問い返し、判断のズレを意図した指示によってしかける。
② 「教材」でしかける
　段落の順序を変えたり、一部をリライトしたりするなどして、児童が発見的に問いの意識をもつようにしかける。
③ 「提示」でしかける
　提示の仕方（比較させる・部分的に提示など）や提示するもの（異質、不備など）によって、問題点に気付かせたり、課題を焦点化したりするようにしかける。

本単元においては、子どもたちには題名を削除して学習材を配付しているので、問いの意識をもつ土壌はすでにできている。本時では、まず、どんな題名だと思うか予想させてみると、「ゆでたまごと生たまご」「たまごの見分け方」などの声が上がる。二つの卵を比較していることや、ゆでたまごと生たまごの見分け方を中心に述べている説明文だということは、ほとんどの子どもがとらえていた。題名に対する興味・関心を十分に高めたところで、次のように題名を板書した。

> どちらが [　　　　　] でしょう

　どんな題名だろうと関心をもっていた子どもたちは、空欄のある題名を目にすると、驚きの表情を見せた。その表情は「問いの意識」が芽生えたことを物語っていた。題名の一部を空欄にして提示するという、「『教材』でしかける」ことによって、問いの意識が芽生えたのである。その後、空欄に入る言葉は「ゆでたまご」だと思うか、「生たまご」だと思うか発問し、全員に答えさせた。前述したように、ここではまだ内言レベルであるため、理由や根拠は述べさせず、結論だけ答えさせる。全員に結論のみ答えさせることによって、全員を共通の土俵に上げることができるとともに、一人一人の問いの意識を増幅させることができる。

【判断のズレの顕在化と学習課題の設定】

　空欄に入るのはゆでたまごだと思うか、生たまごだと思うかを全員に問うと考えが分かれた。およそ３：２の割合でゆでたまごが多く、それぞれの考えの人数を板書した。これが「判断のズレ」である。判断のズレを板書するなどして可視化することによって、判断のズレは顕在化し、子どもたちの知的好奇心、追究意欲は大いに刺激され、どの子も「答えはどっちだろう」と本気で考え始める。ここが「問いの共有」場面であり、学習課題を設定するのはこのタイミングである。

> [　　　　　] に入るのは、ゆでたまごか、生たまごか。

　発問直後は、直感的・感覚的で内言レベルだった個々の問いの意識は、全員が解決したい問いとして共有される。受動的な学習態度だった子どもたちが、「考えたい」「自分の考えを伝えたい」「友達の考えを聞きたい」という能動的な学習態度に変わるターニングポイントは、学習課題設定の場面である。

　空欄に入るのは、ゆでたまごと生たまごのうち、筆者が読み手に伝えたい方が入ることを全員で共有し、そのことを探るために文章の組立てを探ることにした。

【文章全体を３つに分ける】

　文章全体を「はじめ－中－終わり」の３つに分けさせると、次の３通りの考えに分かれた。
　A　①②／③〜⑬／⑭
　B　①②③／④〜⑬／⑭
　C　①②／③〜⑫／⑬⑭

ここも「判断のズレ」である。Bと考える子が一番多く、次いでA,Cの順だった。「正解はどれだろうね。」と投げかけると、子どもたちの追究意欲は一段と高まった。判断のズレを板書して可視化すると、判断がズレているのは、「③段落は『はじめ』か『中』か」と「⑬段落は『中』か『終わり』か」であることに焦点化することができた。

　そこで、この判断のズレを解決するために、「問い」と「答え」の関係を見ていくことにした。

【問いと答えの関係から判断のズレを解決する】

　本学習材の問いの文は、③段落「では、たまごのからをわらないで、どちらがゆでたまごか、どちらが生たまごかを見分けることはできないのでしょうか。」、⑧段落「この回り方は、どんなゆでたまごにも、どんな生たまごにもあてはまるでしょうか。」、⑪段落「ところで、ゆでたまごと生たまごの回り方が違うのはなぜでしょう。」である。この３つの問いに対する説明・答えを確かめていくことにした。

　⑧段落の問いに対する説明・答えは⑨段落に書いてあること、⑪段落の問いに対する説明・答えは⑫・⑬段落に書いてあることは、比較的容易に確認することができたが、③段落と⑩段落がつながることについては、すぐには理解できない様子だったため、グループ対話を通して、理解を深めるようにした。問いと答えの関係を確かめることによって、⑪段落から⑫・⑬段落までは離せないこと、③段落から⑩段落までもつながっていることから、文章構成は、前載の「A」であることを確認した。

【筆者が強調していることをつかむ】

　問いと答えの関係から意味段落も明確になるのが本学習材の特徴の一つである。そこで、それぞれの意味段落において、筆者はゆでたまごと生たまごのどちらを強調しているのか考えることにした。

T：④段落では、二つのたまごについて、筆者はどう述べているのかな。
C：色も形も重さもほとんど同じだと書いている。見分けがつかないって。
T：そうだね。だから、引き分けにしておこうか。見分けがつかないから⑤段落で回してみようかってことになったんだよね。
T：結果は⑥段落に書いているけれど、どちらを強調している？伝えようとしている？
C：生たまご。強調したい方を後から言っていると思う。
C：「ところが、生たまごは」という言い方が、生たまごの特別感というか、筆者の驚きみたいなのが伝わってくる。
T：すごいところに気が付いたね。ほかにもそんなところないかな。
C：⑬段落にも、「ところが、生たまごの中身は、」というところがあるから、生たまごを強調している。
C：⑭段落は、生たまごのことしか書いていない。
T：ということは、題名の空欄に入る言葉も、もう見えてきたんじゃない。
C：生たまご。ゆでたまごより生たまごのことを筆者が伝えたいと思うから。

　このように、教師がしかけることによって問いの意識をもたせ、それを外言化することによって判断のズレを顕在化させ、問いを共有したことによって、深い学びの実現につながる問題解決的な授業を展開することができた。

実践提案⑧
子供の問いが出発点となる学び
～一次の活性化が学びを深める～

教材名 「ちいちゃんのかげおくり」（光村図書3年下）　　山口・下関市立養治小学校　板倉香代

1　私の「考える国語」における深い学びとは？
（1）子供の問いを出発点とした授業
　「考える国語」の主体者は、もちろん「子供」である。子供の中で、「なぜ？」「おや？」という問いが生まれることが、学びの出発点であることは、いつの世も変わりない。白石範孝氏の提唱されるように「原理・原則」「用語」「方法」を読みの手段として生まれた問いは、学びの本質に迫り、深い学びへとつながっていくと考える。
　読む教材において、子供の問いを出発点とする授業を進めるために、非常に重要なのが、初読の後どう子供達に問いかけるかである。「初発の感想」として、子供達に感想を書かせることはどの教室でも行われているが、「何をどう書かせ、それをどう広げるか」が、非常に大事であると考える。
・題名に着目して、問う。
・一文でまとめる。（○○が、○○によって○○になる話）
・心に残る一文を書き抜く。
　等、様々な手法があるが、大事なのは、その教材の特性を生かし、子供の問いにつながるような感想交流へとつなげていくことである。

（2）　教材の特性を生かした感想交流から生まれるズレ
　本稿で扱う「ちいちゃんのかげおくり」は、戦争時代を背景にした物語文である。中学年の目標である「場面の変化と中心人物の変化を関係づけて読む力を高める」ために、初読の後の感想として着目したのが、「題名」である。
　「ちいちゃんのかげおくり」の一場面では、お父さんが戦争に行く前日の家族そろったかげおくりが描かれている。そして、四場面では、家族と離れ離れになり一人ぼっちになったちいちゃんのかげおくりが描かれている。二つの場面でかげおくりが描かれているところが、この作品の大きな特性である。
　そこで、初読後、「ちいちゃんのかげおくりは、どんなかげおくりですか？」と問う。一場面に着目すれば、「楽しいかげおくり」「家族のかげおくり」であるが、四場面に着目した子供は「悲しいかげおくり」と答えるだろう。中には、二つの場面から「嬉しいけど悲しいかげおくり」と答える子供が生まれるかもしれない。そこから、「どんなかげおくりなのか？」という問いが生まれ、場面を比べて読む、という必然性が生まれる。教材の特性から、いかに子供の問いを導き出すかが一次の大きな役割となる。

2 「考える国語」における深い学びの単元の流れ（全7時間）

一次　初発の感想の交流を通して、学習課題をたてる。（問いの共有）

　第1時…物語の設定（時・場所・登場人物）を確かめ、『ちいちゃんのかげおくり』はどんなかげおくりか、感想をまとめる。

　第2時…感想を交流し、学習課題を設定する。

　　　　　ちいちゃんのかげおくりは嬉しいかげおくり？それとも悲しいかげおくり？

二次　場面の移り変わりを捉えながら、読みを深める。（問いへ向かって読みを深める）

　第3～4時…場面におおまかな題名（○○なちいちゃん）をつけ、場面の変化を表にまとめる。
　　　　　（時・場所・中心人物）　＊空の色の変化もまとめる

　第5時…二つのかげおくりを比べる。

　　　　　ちいちゃんは、うれしいの？かなしいの？　（中心となる問い）

　第6時…五場面が必要であるかどうかを話し合い、物語の感想をまとめる。

三次　学習のまとめ（学びの自覚化→深い学び）

　第7時…『ちいちゃんのかげおくり』についての感想を交流し合い、どんな力がついたか学習をふり返る。

3 「考える国語」における深い学びの実際

◆　題名に着目した感想交流（一次）

　この物語を初めて範読した後、教室にしんとした静けさと重い空気が漂った。中には、涙を浮かべて範読を聞く子供もいた。「ちいちゃんのかげおくり」は、中心人物のちいちゃんが最後に亡くなってしまい、読者に深い悲しみをもたらす作品である。

　「ちいちゃんのかげおくりはどんなかげおくりですか？」と問い、ノートに書かせると大半の子供が「悲しいかげおくり」「一人ぼっちのかげおくり」と表した。理由は、
・戦争で家族と離れ離れになり、最後は一人でかげおくりをしたから。
・最後にちいちゃんが、亡くなってしまうから。
・家も失い、家族も失い、最後は一人ぼっちになってしまうから。
・かげおくりは楽しそうだけど、最後は天国に行ってしまったから。　等
四場面の結末に着目したものがほとんどであった。

　しかしながら、ある子供が「家族と会えたからうれしいかげおくり」と表現した。理由は、「天国でようやく会えて、ちいちゃんはうれしかったと思うから。」というものだった。この子供の発言を聞いて、他の子供達も「確かに最初のかげおくりは、楽しそう」「最後のかげおくりも、最初と似ているところがたくさんある。」等、二つのかげおくりが描かれていることに着目していった。更には、挿絵にも着目し、一場面と四場面は空の挿絵が同じであることの気づきも出された。そこから、「最後のかげおくりの場面で、ちいちゃんはうれしいの？かなしいの？」という共通の問いが浮かび上がった。

◆ 場面の変化を読む。（二次　1時～2時間目）

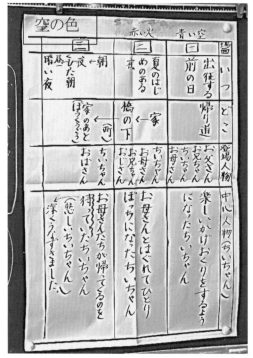

場面の変化を表にまとめる

「ちいちゃんはうれしいの？かなしいの？」という問いに向かうために、まず行ったのは、**場面の変化を表にまとめる**、という活動である。

物語の設定を整理する上で大事な「時」「場所」「登場人物」「中心人物」という用語を縦軸にとり、場面ごとの変化をまとめていった。中心人物については、「○○なちいちゃん」とまとめることで、中心人物の変化に目を向けるようにした。

表にまとめる際、もう一つ着目させたのが、『空の色』である。この作品では、「青い空」「くもった朝」等、場面と共に空の色が変化していく。場面ごとの空の色を表の上に書き、色鉛筆で塗っていった。その中で、「空の色が、ちいちゃんの気持ちの変化とつながっているのでは？」という気づきが出された。情景に目を向けて人物の変容を読んでいくという、新たな見方を獲得することにつながった。

◆ 場面を比べて読む。（二次　第5時）

前時までに作成した表を元に、一場面と四場面の中心人物の変化について話し合った。まず、行ったのが**ちいちゃんの心の動きを、心情線で表してみる**という活動である。表の上をプラスな気持ち、下をマイナスな気持ちと決めて、変化を書き込んでいった。一場面の家族と一緒のかげおくりでは、プラスの気持ちが描かれているが、二場面、三場面とちいちゃんの心情線がどんどん下降していくという点は、どの子の心情線も共通であった。しかし四場面で、子供達の意見が大きく分かれた。

そこで、立ち返ったのが一次の共通の問いである。

　　　　四場面のちいちゃんはうれしいのか？かなしいのか？

まずは、自分の考えをノートに書き、根拠や理由について話し合った。

「かなしい」と感じた子供は「**ふらふらする足**」「**たった一つのかげぼうし**」「**小さな女の子の命が、空に消えました。**」という叙述を根拠にして、「一場面はみんなそろっていたのに、一人になったから悲しい。」「お父さんやお母さんと天国で会えても、死んでしまったから悲しい」と理由につなげた。

一方で、「うれしい」と答えた子供達は、「**きらきらわらいだしました。**」を根拠に挙げ「天国でようやく家族に会えたから嬉しかった。」と理由づけた。また「**ああ。あたし、おなかがすいて軽くなったから、ういたのね。**」を根拠に、「ちいちゃんは、自分が亡くなったことに気づいていないし、その後すぐ家族に会えたから嬉しいと思う。」という意見もあった。さらには、四場面の空は

「青い空」だから、ちいちゃんの嬉しい気持ちを表しているとの発言もあった。確かに語り手は、ちいちゃんをプラスの気持ちで語っている。しかし、涙が出るほど悲しい場面であることも間違いない。「ちいちゃんは嬉しいのに、なぜ悲しいの？」という新たな問いが浮かび上がった。

そこで、子供達に、「読みのものさし」として着目させたのが、**語り手、中心人物、読者の関係を考える**ことである。読者は、ちい

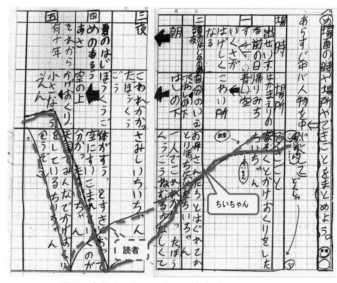

場面の変化をまとめた表と心情線（子供のノート）

ちゃんが「天国で家族と会えてうれしい」ということも知り、さらに、「ちいちゃんの命が空に消えた」ことも知っている。だからこそ、四場面は、やりきれない深い悲しみに包まれてしまうのである。ちいちゃんの心情線に読者の心情線を加えてみることで、中心人物と読者の気持ちのズレも明確となった。（上記のノート参照）

第6時での「五場面の必要性」の話し合いでは、全員が必要であると答えた。五場面で平和な場面を描くことで、読者のちいちゃんへの思いや深い悲しみが救われることを、子供達は意味づけることができた。

◆ **感想の交流で学びを自覚する。（三次）**

この単元では、一次で題名に着目して感想を交流することで、問いを共有し、問いをもちながら読みを深めていった。まとめの感想交流の中でも、題名に着目したり、中心人物の変化を比べたり、人物と読者の関係を意識して読んだりすることが、読みの力として共有された。

一次の活性化が、「考える国語」を左右する。一次での初発の感想をどう問うのか？そこからどんな子供達の思考のズレを取り上げ、共通の問いへと転換させられるのか？を、今後も深い学びの視点として追究していきたい。

> （子供のまとめの感想より）
> 最初に題名を見た時に、楽しそうだな、と思ったけど、読んでみると悲しい気持ちになったりふくざつな気持ちになったり嬉しい気持ちになったりしました。
> 私は、この学習で、中心人物の心を考えることを学びました。読者として人物の心によりそって読むことも学びました。
> 私は、あまんきみこさんに言いたいことがあります。それは、「五場面を書いてくれてありがとう」ということです。五場面のおかげで、天国のちいちゃんが、わらってみんなを見ていると思えました。

編集後記

昨年の「BOOKS1」編集後記では、「深い学び」の条件として次の3つが示されました。
① 「深い学び」とは、筆者・作者との対話である
② 思考のズレから生まれる問いが「深い学び」を成立させる
③ 「深い学び」とは、学び合う子どもの姿から生まれる

このことを踏まえながら、本誌「BOOKS2」では、特集題で「考える国語」の系統指導を切り口とした授業プランを示し、第2章で深い学びにいざなう実践例を示しました。

編集を終えて、私が「考える国語研究会」の一員として改めて訴えたいことは、次のことです。

> 「用語」「方法」「原理・原則」を読むための〔知識及び技能〕として指導し、
> 子どもたちがそれらを習得・活用しながら文章を丸ごと読む授業を実現すること

新たな「用語」「方法」「原理・原則」を学習するとき、既習の「用語」「方法」「原理・原則」を活用することが多々あります。だから、どの教材でどんな「用語」「方法」「原理・原則」を学習して、どのように活用するのか、どのような順で学習するのかを教師が分かっていたいものです。それでこそ、1年間の読むことの学習指導計画の立案が可能になります。

新学習指導要領では、読むことは、〔思考力、判断力、表現力等〕に位置付けられ、指導事項が、構造と内容の把握、精査・解釈、考えの形成、共有に分けて示されています。読むことの〔知識及び技能〕として「用語」「方法」「原理・原則」を習得・活用することで、子どもたちは〔思考力、判断力、表現力〕を身に付けることができるようになるのです。

各提案をお読みいただき、明日の国語の授業に役立てていただければ幸いです。

（学習院初等科　梅田芳樹）

深い学びが育つ「考える国語」の系統的授業のつくり方

2019年8月9日　初版発行

編著者——白石範孝＋「考える国語」研究会
発行者——安部英行
発行所——学事出版株式会社
　　　　〒101-0021　東京都千代田区外神田2－2－3
　　　　電話03-3255-5471　FAX 03-3255-0248
　　　　ホームページ　http://www.gakuji.co.jp

編集担当：丸山久夫
装丁：内炭篤詞（精文堂印刷デザイン室）
印刷・製本：精文堂印刷株式会社

©Noritaka Shiraishi 2019　　　　　　落丁・乱丁本はお取替えします。
ISBN978-4-7619-2574-1　C3037　Printed in Japan